Das Buch

Ein elfjähriger Junge liegt bewußtlos mit einer Kopfverletzung vor der Schule – er ist das Opfer einer bewaffneten Auseinandersetzung unter Altersgenossen. Ein neunjähriges Mädchen wird von seinen Mitschülern ausgegrenzt, ständig traktiert und schließlich sogar körperlich mißhandelt. Solche und ähnliche Fälle tauchen in letzter Zeit immer häufiger auch in den Schlagzeilen auf, Eltern und Lehrer sind ratlos. Sind Kinder denn heute gewalttätiger als früher? Sind Schulen zu Austragungsorten kindlicher Brutalität geworden? Was kann man tun? Nicht auf der Suche nach Schuldigen, sondern nach Ursachen ist der bekannte Schweizer Kinder- und Jugendpsychologe Allan Guggenbühl den psychologischen Hintergründen der Gewalt unter Kindern nachgegangen. Anhand zahlreicher Beispiele beschreibt er die Erscheinungsformen kindlicher Aggressionen, und mit Hilfe des von ihm entwickelten Modells der Krisenintervention bei aggressiven Schulklassen zeigt er, wie Lehrer, Eltern und Kinder reagieren können, damit natürliche Aggression nicht in nackte Brutalität ausartet. »Seine Überlegungen zum Thema Gewalt in der Schule sind kompetent, die Konfliktlösungsvorschläge konstruktiv und kritisch«, urteilt die ›Basler Zeitung‹.

Der Autor

Allan Guggenbühl, am 24. März 1952 geboren, ist Kinder- und Jugendpsychologe. Er leitet die therapeutischen Kindergruppen und die Kriseninterventionen in der Erziehungsberatung des Kantons Bern. Darüber hinaus arbeitet er als Seminarleiter für Psychologie und Pädagogik am Kindergarten- und Hortseminar des Kantons Zürich. Er ist verheiratet und Vater von drei Kindern.

Allan Guggenbühl:
Die unheimliche Faszination der Gewalt
Denkanstöße zum Umgang mit Aggression und Brutalität unter Kindern

Deutscher
Taschenbuch
Verlag

Durchgesehene Ausgabe
Januar 1995
Deutscher Taschenbuch Verlag GmbH & Co. KG, München

ISBN 3-7270-1229-3
Umschlaggestaltung: Boris Sokolow
Satz: IBV Satz- und Datentechnik, Berlin
Druck und Bindung: C. H. Beck'sche Buchdruckerei, Nördlingen
Printed in Germany · ISBN 3-423-35084-9

»Der Krieg ist das Primäre. Deshalb ist nicht das Erstaunliche, daß es den Krieg gibt, sondern daß es Frieden gibt.«

André Glucksmann

Inhalt

»K., den 29. September 195 … Halbstarken-Krawall. *In K. rotteten sich gestern vormittag plötzlich, niemand weiß warum, die Halbstarken zusammen und begannen zu randalieren. Die Schar wuchs immer größer an. Sie belästigte Passanten, demolierte einen dastehenden Wagen und warf einen anderen um, brachte den Verkehr zum Stocken und griff die Polizeiorgane mit Steinen und Stöcken an. Es mußten Verstärkungen herbeigerufen werden, etliche Verhaftungen wurden vorgenommen, und erst als man mit Hydranten gegen die Bande vorging, zerstreute sie sich wieder. Man fahndet nach den Rädelsführern, aber es macht den Anschein, die Szene habe sich spontan ereignet.«*

»F., den 29. September 195 … Fünfjähriger Mörder. *In der Vorstadt R. spielten Fünfjährige und gerieten in Streit. Einer von ihnen zog ein Messer hervor und erstach seinen Kameraden Kurt B., Sohn eines Gastarbeiters. Der Vater des Ermordeten ist ein Arbeitskollege des Vaters des Mörders.*

Wenn man über solche Vorkommnisse diskutiert, gibt es immer wieder Stimmen, die sie bagatellisieren. Was die Zeitungen melden, seien Ausnahmen, gelegentliche Auswüchse, und solche seien zu allen Zeiten vorgekommen. Es sei Irrtum, daran zu glauben, die heutige Jugend sei schlechter als die früherer Generationen.«

Wir lesen in Statistiken, besonders in solchen aus amerikanischen Großstädten, die Jugendkriminalität habe zugenommen. Sie nehme auch in unseren Gegenden zu. Andere Stimmen leugnen dies, beweisen ihre Ansicht mit Gegenstatistiken; sie weisen darauf hin, daß in früheren Zeiten die Kinder- und Jugendlichenverbrechen nur nicht registriert wurden, wie es heute geschieht. Es wird an gewisse Erscheinungen früherer Zeiten erinnert, um zu beweisen, daß es einst gar nicht besser stand in bezug auf das Verhalten der Halbwüchsigen, als dies heute der Fall ist.

So kannte man auf dem Lande die Knabenkriege. *Die Buben im Alter von zwölf bis sechzehn Jahren bildeten eine Bande, die mit einer aus einem anderen Dorf einen »Krieg« vereinbarte. Man traf sich, bewaffnet mit Stöcken, Kieselsteinen, Bogen und Pfeil, oft auch mit einem kleinen selbstgefertigten Kanönchen (denn der Knall gab dem »Krieg« ein noch deutlicheres Gepräge) irgendwo an der Dorf-*

grenze in einem abgelegenen Wäldchen, wo man von Erwachsenen ungestört seinem »Esprit combatif« (Piaget) frönen konnte. Es setzte Beulen, Verwundungen, blutende Nasen, blaue Quetschungen, und mitunter kostete es auch ein Auge. Selbstverständlich schritten, wenn die kriegerischen Ereignisse ruchbar wurden, die Vormundschafts- und Schulbehörden, die Landjäger und die Lehrerschaft ein: Die »Kriege« wurden unter Strafe gestellt und verboten, man setzte Wachen aus, die in Funktion traten, wenn sich die Buben dem Verbot widersetzten – die Auswüchse wurden unterdrückt.

Berüchtigt war auch das Tun der sogenannten Nachtbuben. *Es waren dies Halbwüchsige, welche Abendschule, Fortbildungsschulen, Gewerbeschulen usw. besuchten oder sich sonst nach getaner Tagesarbeit am Abend zusammenfanden, um allerlei Schabernack, manchmal auch weniger harmlosen, zu treiben und ihrer Zerstörungswut zu frönen. Sie nahmen etwa bei einem Bauernhaus einen Mistwagen auseinander, legten eine Leiter ans Dach, trugen die Bestandteile in schwerer Arbeit und geräuschlos hinauf und setzten den Wagen auf dem First wieder zusammen: Am Morgen sahen die Dörfler die Bescherung, und sie lachten schadenfroh, oder sie ärgerten sich. – Oder es wurde eine Küchentür aus den Angeln gehoben und auf einen Kirschbaum hinaufgebracht, dort mit Ketten oder Seilen angebunden. – Ein Gartentor wurde ausgehängt und in den Dorfbach geworfen. – In ein frisch umgeackertes Gartenbeet wurde Löwenzahnsamen gesät, und erst dann, wenn er gekeimt hatte, merkte die Bäuerin, was die Nachtbuben angerichtet hatten. – Die Latten an einem neuerrichteten Gartenzaun wurden abgeschraubt oder gar abgerissen usw. – aber man machte im allgemeinen daraus keine große Sache und erinnerte sich der Bubenstreiche, die man sich selbst einmal geleistet hatte. War wirklicher, erheblicherer Schaden entstanden, meldete man es dem Landjäger: Er eruierte die Täter, und deren Eltern »machten gemeinsam ab«, das heißt, sie kamen zusammen und entschädigten den Geschädigten, und damit war die Sache abgetan.*

Schlimmer waren die Streiche der noch Älteren, der Achtzehn- bis Zweiundzwanzigjährigen, die an den Samstagabenden auf die Runde *gingen. Sie rotteten sich zusammen und suchten ein Nachbardorf auf, gingen dort in ein Wirtshaus, etwa in eines, wo ein Tanzanlaß stattfand. Dort fingen sie mit der Jungmannschaft Streit an, zuerst mit Worten, gegenseitigen Hänseleien, dann mit Taten.*

Es wurden Stuhlbeine ausgerissen und als Waffen gebraucht, die Lampen zerschlagen, und es entstand ein wüstes Gewühl mit einer Schlägerei, wobei oft zwischen Freund und Feind nicht mehr unterschieden wurde und auch der sich einmischende Wirt und andere Erwachsene etwas abkriegten. Nicht selten mußte der oder jener ins Krankenhaus gebracht werden. Wenn man seine Mutter fragte, wo ihr Jakob hingekommen sei, lächelte sie und sagte: »Oh, er hat ein wenig Schläge bekommen und liegt im Krankenhaus – aber er hat auch tüchtig solche ausgeteilt!« Sie war eher stolz auf ihren jungen »Helden« – und die Dorfschönen verehrten den Tapferen auch. – Manchmal kam ans Tageslicht, daß »rundende« männliche Jungmannschaften einem Mädchen aufgelauert und es in der Nacht auf freiem Felde splitternackt ausgezogen hatten.[1]

[1] Aus: Hans Zulliger: Gespräche über Erziehung. o.O. 1960.

Erscheinungsformen der Gewalt an Schulen

Von der manifesten Gewalt zum versteckten Terror

Gewalt unter Kindern und Jugendlichen an Schulen ist ein Thema, das uns innerlich trifft. Wenn ein neunjähriges Mädchen in der Schule leidet, von schlaflosen Nächten geplagt und immer wieder auf dem Pausenplatz verprügelt wird, dann reagieren wir mit Trauer oder Wut. Die Schule sollte ein Ort sein, an dem die Kinder gedeihen und sich entwickeln können. Die häßlichen Seiten des Menschen möchten wir aus der Schule ausgrenzen und aus der Kindheit verbannen. Leider zeigen die Erfahrungen, daß Aggressionen und Gewalttätigkeiten auch innerhalb der Schule, der Klasse, auf dem Pausenplatz, den Gängen oder auf dem Schulweg durchbrechen und oft den Alltag des Kindes beherrschen. Diese schwierige, unerfreuliche Seite des Menschen macht nicht Halt vor der Kindeswelt.

Vergleichen wir jedoch die Erscheinungsformen der Gewalt an verschiedenen Schulen, so wird rasch ersichtlich, daß es keine typische Äußerungsart gibt. *Wie* Gewalt zu einem Problem wird, ist je nach Schule, Klasse oder Viertel verschieden. Die Gewalt stellt sich uns in Hunderten von verschiedenen Gesichtern vor. Je nachdem, wie sie sich zeigt, müssen wir uns auf eine andere Art und Weise mit ihr auseinandersetzen. Gewaltformen unter Kindern tragen immer das Gepräge der Schule und der jeweiligen Kinder- oder Jugendgruppe.

Am raschesten alarmiert werden wir durch manifeste Gewalt. Kinder quälen oder traktieren sich auf eine Art und Weise, die nichts mehr mit spielerischen Raufereien zu tun hat, sondern oft durch ihre Brutalität und Hemmungslosigkeit erschreckt.

Einer fünften Primarschulklasse gefiel es, ein adipöses, sehbehindertes Mädchen zu plagen. Angefeuert von Mitschülern, überfiel eine Gruppe von Jungen während der Pause oder auf dem Schulweg dieses halbbehinderte Mädchen, nahm ihm regelmäßig die Brille ab und zertrat sie auf dem Boden, um dann gemeinsam das tapsige, hilflose Herumirren und Schluchzen des Mädchens zu genießen. Die Sehstörung dieses Mädchens wurde zum Anlaß eines makaberen Spiels.

Manifeste Gewalt richtet sich nicht nur gegen einzelne, die auffallen, sondern kann auch eine ganze Gruppe betreffen. In einer Zürcher Schule wurde das »Zwergwerfen« Mode: Die Fünft- und Sechstkläßler ergriffen während der Pausen sieben- oder achtjährige Erstkläßler, stellten sich auf eine Linie vor ein Feld und veranstalteten einen Wettbewerb. Derjenige, der einen kleinen Jungen oder ein kleines Mädchen am weitesten ins Feld hinaus werfen konnte, hatte gewonnen. Gewalt in Form von verstecktem Terror zwischen verschiedenen Altersgruppen zeigte sich zum Beispiel in einer Berner Schule: Gleich neben dem Schulhaus befand sich ein Plattenladen. Der Geschäftsführer wandte sich an die Lehrerschaft der Schule und beklagte sich über die häufigen Diebstähle von CDs. Ihm sei aufgefallen, daß vor allem kleine Kinder Platten und CDs entwendeten. Die Lehrerinnen der Unterstufe reagierten ungläubig und entrüstet: Es war ihnen unvorstellbar, daß ihre Erst- und Zweitkläßler zu Diebestouren aufbrechen sollten. Sie vermuteten ein Mißverständnis und wiesen die Vorwürfe zurück. Im Rahmen unserer Krisenintervention, während der wir auch mit den Schülern und Schülerinnen arbeiten, stellte sich dann heraus, daß die Schule von einer Jungengruppe der sechsten Klasse terrorisiert wurde. Diese älteren Schüler befahlen den Kleinen, CDs zu klauen, sonst hätten sie mit Prügeln zu rechnen. Da die Unterstufenschüler die Vergeltung der älteren Schüler fürchteten, schwiegen sie. Weder Eltern noch Lehrer durften davon erfahren.

Neben manifester verbaler Gewalt gibt es versteckte, schwer erkennbare Gewaltformen, die dem Lehrer oder der Lehrerin leider oft verborgen bleiben: In einem Klassenzimmer fiel uns auf, wie sich entlang der Fensterfront die Schülerinnen und Schüler zum Lehrerpult drückten. Der breite Mittelgang wurde nicht benützt. Die Lehrerin erklärte sich dieses Verhalten als »Mode«. Durch die Krisenintervention stellte sich heraus, daß es einer Subgruppe der Klasse lästig war, wenn die Schülerkollegen den Gang benützten. Sie befahlen ihnen darum, den Weg über die Fensterfront zu wählen. Wer sich nicht daran hielt, mußte in der Pause mit Rache rechnen. Den Schülern und Schülerinnen dieser Klasse war klar, nach wem sie sich im Schulzimmer zu richten hatten. Die Lehrerin wurde als eher irrelevante Galionsfigur der Klasse angesehen, die wahren Machtträger saßen neben ihnen.

Oft wird die Gewalt verbal abgehandelt, zum Beispiel in Schulklassen oder Schulen, in denen der Gebrauch obszöner Verbalinjurien gang und gäbe ist, oder in Kindergruppen, in denen aufs gröbste miteinander gesprochen wird und mit Wörtern aus dem Fäkal- oder Sexualbereich herumgeworfen wird. In solchen Fällen dient die Sprache als Waffe zu gegenseitiger Verletzung.

Die Eskalation der verbalen Gewalt kann sich auch in schriftlichen Arbeiten manifestieren. In einem Aufsatz schilderte ein Junge, wie mit der Klassenkameradin Karin umgegangen werden sollte: »Zuerst hat man sie gehängt, und dann hat man ihr die Arme und die Beine abgerissen. Nachher hat man ihr die Zunge herausgerissen und den Bauch aufgeschlitzt. Dann hat man ihr eine Bombe in den Mund gesteckt, und Karin ist explodiert. Ende.«

Ob die Gewalt verbal, direkt oder versteckt auftaucht, sie macht uns jedesmal betroffen und fordert zum Handeln auf. Wenn Kinder in der Schule gequält werden und die Auseinandersetzungen auf dem Pausenplatz keine harmlosen Raufereien mehr sind, können Lehrer, Psychologen und Eltern nicht tatenlos zusehen, wie die Kinder leiden, sondern müssen überlegen, was dagegen unternommen werden kann.

Als erstes wollen wir uns den psychologischen Hintergründen der Gewalt zuwenden. Nach einem historischen Rückblick betrachten wir die Frage, wieso Gewalt heute in Schulen auftaucht. Anschließend wird über Leitbilder, Rituale und soziokulturell desorientierte Kinder gesprochen. Am Schluß wird die Schule als Gegenkultur zu Gewalt vorgestellt.

Die Macht der Bande

Als Kinder- und Jugendpsychologe fällt einem immer wieder auf, daß die gemäß den Schilderungen der Lehrer- oder Elternschaft ruchlosen Täter und besonders aggressiven Kinder und Jugendlichen im Einzelkontakt harmlos wirken. Ein Junge, der von der ganzen Schule als Schläger gefürchtet wird, sitzt friedlich vor einem und beteuert mit großen Augen, daß er gegen Gewalt sei. Überzeugend vertritt er die Auffassung, daß Konflikte im Gespräch und nicht durch Handgreiflichkeiten gelöst werden sollten. Vielleicht beklagt er sich gar über andere Kinder, die sich auf dem Pausenhof rüpelhaft und aggressiv benehmen. Er selber zählt sich jedoch nicht dazu. Immer wieder begegnet man als Kinder- und Jugendpsychologe dem Phänomen, daß sich sogenannte schlimme, aggressive Kinder im Einzelkontakt friedfertig verhalten. Ihre verbalen Äußerungen zu Konflikten, Gewalt und Streit unterscheiden sich nicht groß von jenen der Lehrerschaft. Sie beteuern, Gewalt abzulehnen. Leider habe ich jedoch oft beobachtet, wie sich diese schönen Vorsätze in Luft auflösen, sobald diese Jungen oder Mädchen sich unter ihresgleichen befinden. Der hübsche Blondschopf, der sich über aggressive Klassenkameraden beklagt, kann fünf Minuten später mit erhobener Faust gegen eine Mädchengruppe losrennen und schreien: »Schmeckt ihr, wie es tötelet?« Seine vorherigen Leitsätze sind vergessen. Er selber sieht in seinem Verhalten keinen Widerspruch: Nicht er ist gewalttätig, sondern die Mädchen haben »blöd dreingeschaut«.

Diese eigenartige Verhaltensänderung erklärt sich durch das Banden- oder Gruppenphänomen. Sind die Kinder oder Jugendlichen unter sich, so werden sie von einer anderen Wirklichkeit erfaßt. Die persönlichen Verhaltensnormen und Ideale verlieren ihre Gültigkeit. Das Verhalten wird von der Gruppe bestimmt. Was sie tun, reden und anstreben, wird durch die Dynamik und Themen ihrer Gruppe beeinflußt. Sie fühlen sich in einer anderen Welt. Aus braven Jungen oder Mädchen werden wilde Krieger, das schüchterne Mädchen verwandelt sich in eine freche Rotznase. Die Kinder fühlen sich zu einer Bande gehörig. Sie sind nicht mehr nur ein Individuum, das auf Mutter oder Vater, Lehrer oder Freunde bezogen ist, sondern Mitglied einer Gruppe. Sie erleben die Gemeinschaft Gleichaltriger.

In dieser Gemeinschaft oder Gruppe inszenieren die Kinder eine Gegenwelt. Diese muß sich klar von der Welt der Erwachsenen abgrenzen. Die Kinder merken, daß sie sich in einer eigenen Welt bewegen, in der sie selber bestimmen. Erwachsene können sie da nicht herumkommandieren. Die Kinder erleben in der Gruppe, daß auch sie sich die Welt aneignen können.

Das Gruppen- oder Bandengefühl drückt sich in verschiedenen

Merkmalen aus. Kennzeichnend ist die Sprache: Die Kinder oder Jugendlichen wählen Wörter, die sich deutlich von der Erwachsenensprache abheben. Es wird von »geil«, »megageil«, »checkst es« oder »super-duper« gesprochen. Oft werden Wörter gesucht, die den Kindern das Gefühl von Macht vermitteln, potente Ausdrücke, die bei den Erwachsenen eine deutliche Reaktion provozieren. Die Kinder brauchen diesen Jargon, da er sie im Gefühl bestätigt, eine eigene Macht zu sein. Wenn der Lehrer, der Vater oder die Mutter deutlich entsetzt reagiert, ist das ein Beweis der eigenen Potenz. Das Erröten der Lehrerin, wenn man obszöne Ausdrücke gebraucht, bestätigt das Gruppengefühl. Nichts ist ärgerlicher, als wenn ein Lehrer oder eine Lehrerin mit Verständnis reagiert. Wenn ein Lehrer empathisch dem Kind mitteilt, daß er gut versteht, wieso es obszöne Ausdrücke verwendet, oder wenn er versucht, die Ausdrücke zu verharmlosen oder ihren Sinn zu erklären, sind Kinder oft irritiert. Der Effekt ist dahin, wenn der Lehrer sich nicht entsetzt, sondern sachlich bleibt. Die eigene Potenz kann nicht zelebriert werden.

In einer Klasse wurde beobachtet, wie der Gebrauch dieser obszönen und aggressiven Wörter eskalierte, da die Lehrerin nicht darauf reagierte. Schließlich begannen die Schüler und Schülerinnen sich mit dem Hitlergruß zu begrüßen. Die rechtsextreme Ideologie war diesen Knaben und Mädchen fremd, doch sie spürten, daß sie durch diese Wörter bei der Lehrerin eine Reaktion provozierten. Deren blankes Entsetzen war für sie eine Entlastung: Endlich wurden sie als mächtige Gruppe wahrgenommen.

Das Banden- oder Gruppenverhalten drückt sich auch durch die gemeinsame Kleidung aus. In vielen Schulen herrschen eigentliche Kleidungsvorschriften. Die Kinder haben sich nach der Peer-Gruppenuniform zu richten. In gewissen Schulhäusern wird von der Gruppe bestimmt, daß nur eine bestimmte Turnschuhmarke zu tragen ist: Nike, Puma-Schuhe etc. Oft ist nicht nur die Marke vorgeschrieben, sondern auch die Art und Weise, wie die Turnschuhe zu tragen sind: »ungebunden, mit heraushängender Zunge«. Weiter herrschen Vorstellungen darüber, welche T-Shirts oder Baseballmützen getragen werden. In Zürich gelten in den einzelnen Schulen und Vierteln Gruppenvorschriften, welche Baseballjacke getragen werden darf. Die »Raider«-Jacke zum Beispiel ist für die Schüler des östlichen Seeufers reserviert.

In einer Schule fiel auf, daß die Kinder begannen, um drei bis vier Nummern zu große Hosen zu kaufen. Da die Kinder ihre Kleider selber auswählten, konnten die Eltern nichts dagegen unternehmen. Diese übergroßen Hosen wurden dann verkehrt, den Verschluß hinten, angezogen. In einer anderen Schule wurde beobachtet, wie Erst- und Zweitkläßler die Jacke schulterfrei trugen. Die Mütter begleiteten ihre Kinder bis zur Schule, zerrten immer wieder die Jakken ihrer Kleinen hoch, doch sobald sie sich auf dem Pausenhof befanden, rissen sie ihre Jacken wieder hinunter, so daß man die Schultern sah. Durch diese Art, ihre Jacken zu tragen, signalisierten die Kinder, daß sie sich von den Erwachsenen abheben, in einer eigenen Welt leben.

In der Gruppe oder Bande erleben Kinder das Gefühl eigener Grandiosität. Sie haben das Gefühl, eine Gruppe zu sein, auf die man aufmerksam wird und vor der man sich in acht nehmen muß. Dieses Grandiositätsgefühl hat zur Folge, daß das eigene Handeln oft massiv überschätzt wird: Zwei zehnjährige Knaben informierten mich scheinbar beiläufig, daß sie nach dem Besuch bei mir zusammen die Stadt verunsichern wollten: Ganz Bern würde staunen, wenn sie die Altstadt durchkreuzten.

Die Banden können in Wirklichkeit existieren, manchmal werden sie aber auch bloß phantasiert: Dann stellen die Kinder sich vor, Teil einer größeren Gemeinschaft zu sein, während in Wirklichkeit gar keine Bande existiert. Kleinere Kinder fühlen sich als Turtles, »Raphaelo« oder »He-Man«, später sehen sie sich als »Homie« oder Ninja-Kämpfer, auch wenn sie das einzige Mitglied der Bande sind. Sind diese Jungen oder Mädchen zu zweit oder zu dritt, so glauben sie, eine Bewegung zu verkörpern. Diese Kinder orientieren sich innerlich an der Vorstellung, einer Bande anzugehören, und richten ihr Verhalten danach aus. Solche Klein- oder Kleinstbanden suchen sich oft ihre Vorbilder in der Video- und Musikszene: Sie bemühen sich, wie ein berühmter Rock-Sänger durch den Gang zu stürmen oder sich als Filmgröße zu kleiden. Vor allem introvertierte Kinder suchen über ihre Imagination Anschluß an Bandenvorbilder und fühlen sich auf diese Weise stark.

Bandenerfahrungen sind aus entwicklungspsychologischen Gründen wichtig. In der Bande oder Gruppe werden die Kinder mit Realitäten des menschlichen Seins konfrontiert, die sich nicht durch einen Lehrplan vermitteln lassen. Kinder begegnen in den Banden existentiellen Herausforderungen, mit denen wir auch im Erwachsenenleben kämpfen: Verrat, Intrigen, Angstüberwindung, Feindschaft, Streitigkeiten und Eifersucht. Sie werden mit den häßlichen Seiten des Menschen konfrontiert, lernen jedoch auch, Kräfte und Fähigkeiten zu mobilisieren, um mit diesen Schattenkräften fertig zu werden. Sie entdecken die Bedeutung der Freundschaft, der Loyalität, der Verträge oder erfahren, wie Streitigkeiten geschlichtet werden. In den Gruppen findet ein spontanes soziales Lernen statt. Inhalte werden vermittelt, die nie in eine Schulstunde verpackt werden können.

Eine ältere Frau berichtet, wie während ihrer Kindheit in ihrer Gruppe wahre Gerichte inszeniert wurden. Vergriff sich ein Junge an einem anderen Kind, ging er zu weit in einer Schlägerei, so wurde im Wald ein Tribunal abgehalten. Eine Gerichtsverhandlung fand statt. Sie bestimmte, was toleriert und welche Handlung geahndet wurde. Die Kinder gestalteten diese Gerichte selber.

In diesen Kinder-Subwelten begegnen Kinder den negativen Seiten des Menschen, eignen sich jedoch auch soziale Kompetenzen an. Werden die Kinder älter, so beginnen die Subwelten auseinanderzubrechen. Bei Oberstufenschülern und -schülerinnen, im siebten bis neunten Schuljahr, fallen oft große Diskrepanzen innerhalb der Schülerschaft auf. Die gemeinsame Welt zerbröckelt, und individuelle Ausrichtungen manifestieren sich: die Skateboard-Fahrer, Computer-Freaks und die Mountain-Bikers. Auch bei Mädchen fallen individuelle Ausrichtungen auf: sozial Engagierte gegen Aerobic-Begeisterte oder Disco-Freaks gegen Lesehungrige. In diesem Alter sind gemeinsame Leitbilder seltener. Diese Altersgruppe fühlt sich darum oft desorientiert. Das Bandengefühl der Kindheit ist verflogen und weicht einer bewußteren Ausrichtung nach einer Untergruppennorm.

In der Schule besteht dann die Gefahr, daß bei fehlendem Leitbild eine psychologisch unübersichtliche Situation entsteht. Verwahrloste, sozial geschädigte oder leicht enthemmte Jugendliche übernehmen das Zepter. Sie bestimmen den Kurs der Gruppe, wenn sich keine gemeinsamen Vorstellungen durchsetzen.

Eine Sekundarschulklasse im Zürcher Unterland wurde von der schillernden Persönlichkeit einer Mitschülerin völlig vereinnahmt. Dieses Mischlingsmädchen zog durch ihr selbstbewußtes Auftreten, ihr Äußeres und ihre Hemmungslosigkeit die Mitschüler und

Mitschülerinnen in Bann. Die Klasse richtete sich nach ihr. Für Schulkameradinnen lockte sie jeweils in einem Einkaufszentrum der Stadt Männer an, einen Schulkollegen animierte sie zu einem Einbruchdiebstahl, und den Lehrer trieb sie zur Verzweiflung, da sie die Schulstunden nach eigenem Belieben besuchte. Zusammen mit einem Mitschüler und einer Klassenkameradin hatte sie die Klasse im Griff. Wurde ein Mitglied dieses Dreiergespanns kritisiert, so ließ sie Homeboy-Kollegen in den Gängen aufmarschieren. Ein solcher Auftritt wirkte: Niemand wagte es, die drei wieder zu kritisieren. Das Problem in dieser Klasse war, daß diese Untergruppe, die nicht eigentlich die Klasse repräsentierte, den Ton angab.

Die Winkel- und Gassenjungen: historischer Rückblick

Banden sind natürlich für Kinder nichts Neues. Kinder und Jugendliche wurden schon immer über ihre Banden oder Gruppen in die Realität menschlichen Seins eingeweiht. Diese »Winkel- oder Gassenjungen« irritierten die Bürger und verunsicherten die Städte und Dörfer schon in vergangenen Jahrhunderten:

»In der Stadt regierten ... die Winkeljungen in schier unleidlicher Weise. Jedes Spiel wurde Unart. Ihre Peitschen klatschten nicht nur ganz unverschämt laut dem ehrsamen Bürger um die Ohren, sondern sie trafen ihn auch häufig genug mit empfindlichem Schwung. Ihren Tonnen-Bändern mußte man respektvoll ausweichen, sonst bekam man sie zwischen die Beine, stolperte und schlug elend zu Boden unter hohem Geschrei der Buben. Wie manche achtbare Dame fühlte entsetzt solcherlei gegen ihren Rock kollern. Mit Armbrust, Flitzbogen und Pustrohr ihre Bolzenpfeile und Tonkugeln auf unschuldige Demoisellen und Dienstmädchen abzuschießen, solche Sträflichkeit der durchtriebenen Bengel waren ganz alltäglich. Der Kreisel, sowohl der kleine als der Brummkreisel, schien nur dazu erfunden zu sein, um den Menschen das Gehen auf den breiten Steinen und in den Promenaden zu verbittern, wie ohnedies alle zehn Schritte die bekannten neun Marmellöcher den Boden unsicher machten. Bekümmerte sich ein nachdenkender Fußgänger um den Kreisel nicht, so behandelten die Buben seine Beine wie ihr

Spielzeug und peitschten drauflos; trat man denselben gar entzwei, so gab's eine unabweisbare Stummpetition um einen neuen. Wer keinen Kreisel besaß, amüsierte sich auch wohl mit Werfen von Steinen, Erdklößen und dergleichen und besonders mit Belästigungen des Fuhrwerks. Kein Pferd blieb ungequält, keine Karosse ungehänselt. Dicht vor den Wagen quer über die Straße zu laufen, das galt für ein artiges Kunststück. Wenn dann der Kutscher die Pferde zurückriß, daß sie sich bäumten und die guten Leut' in der Kutsche vor Schrecken aufschrien: ›das unglückliche Kind kommt unter die Räder‹, dann lachte der verwetterte Bub, und seine Kameraden grölten höhnend darein. Nicht die Söhne der ärmsten Klasse waren es, die sich der soeben aus Ostindien hier eingeführten Schwärmer und Raketen bedienten, um einen heillosen Unfug abendlich auf den Straßen zu veranstalten. Sie warfen diese zischenden Funkensprüher mitten in eine ahnungslose Menschengruppe ... oder zwischen die Pferde einer Kutsche, daß sie scheu wurden und durchgingen; oder in die mit geputzten Herren und Damen besetzten Karossen, daß Perücken und Toupets, Reifröcke und Samtröcke brannten oder durchs Draufschlagen zum Ersticken des Feuers gänzlich verdorben wurden. Dann jubelte die gottlose Bubenschar und vereitelte jede Verfolgung durch geteilte Flucht in Quergassen und Twieten.«[2]

Diese Schilderung der Gassenjungen in Hamburg im Jahr 1741 zeigt, daß die Bandentätigkeit der Kinder nichts Neues ist. Kinder orientierten sich in ihrem Verhalten schon immer zum Teil an ihrer eigenen Altersgruppe. »Denn außerhalb der engen Wohnung, der Werkstatt und der Schulstube spielt sich ein großer Teil des Kinderlebens auf der Straße ab.«[3] Oft trieben es diese Kinderbanden derart bunt, daß die Behörden einschreiten mußten. So verfügten die Bürgermeister und der Rat der Stadt Göttingen am 6. Mai 1765:

»Nachdem man bishero mißfällig in Erfahrung gebracht, daß alle ärztliche Ermahnungen der Lehrer nicht hinreichen, dem Muthwillen der Jugend auf den Kirchhöfen, Straßen, auf dem Wall und der Allee Einhalt zu thun, und man desfalls für nötig erachtet, die wohlmeinende Bemühung der Lehrer von Obrigkeitswegen zu Unter-

[2] Katharina Rutschky: Deutsche Kinder-Chronik. Wunsch- und Schreckensbilder aus vier Jahrhunderten. Köln 1983, S. 361.

[3] Kinderstuben. Wie Kinder zu Bauern, Bürgern, Aristokraten wurden. 1700–1850. Herausgegeben von Jürgen Schlumbohn. München 1983, S. 220.

stützen; so werden Eltern, Vormünder und alle diejenigen, welche die Aufsicht über die bey sich habende Kinder oblieget, nochmals erinnert, ihre Kinder zu einem christlichen wohlanständigen Betragen auch außer ihren Häusern anzuhalten und denselben auf keine Weise zu verstatten, daß sie auf den Kirchhöfen, Straßen und anderen gedachten publiken Örtern spielen, werfen oder anderen Muthwillen treiben... Also wird denen pflichtvergessenen, sorglosen Eltern und Vormündern zu ihrer Verwarnung damit bekannt gemacht, daß bereits die Verfügung gemacht worden, daß die auf den Kirchhöfen, Straßen und anderen publiken Örtern Muthwillen treibenden Jugend arretieret und von Obrigkeitswegen auf dem Rathaus nach Befinden öffentlich gezüchtigt werden solle, wobey außerdem jedoch die Eltern, Vormünder und andere, die Kinder in Aufsicht haben, schlechterdings für allen durch ihre muthwillige Kinder veruhrsachten Schaden einzustehen und zu haften verbunden bleiben.

Göttingen, 4. Mai 1765.«[4]

Ein Problem war damals das Treiben der Banden auf Klosterruinen oder in Kirchhöfen. Die Kinder und Jugendlichen suchten dort Schädel und Gebeine. Mit diesen prügelten sie sich, warfen sich Rippen nach und genossen den hohlen Schall, wenn die Totenschädel dahinkollerten.[5]

Die Schule als Bandenterritorium

Banden sind nichts Neues, der Austragungsort der Bandentätigkeit der Kinder hat sich jedoch verlagert. Während sich früher die Kindergruppen vor allem *außerhalb* der Schule konstellierten, suchen heute die Kinder Bandenerfahrungen *in* der Schule selbst. Nicht mehr in Straßen, Wäldern, Kirchhöfen, Gärten oder alten Fabrikgeländen werden die Banden aktiv und die eigene Altersgruppe zelebriert, sondern das Schulareal, das Klassenzimmer oder der Pausenhof dienen als Austragungsorte des Bandenwesens. Wegen dieser

[4] Kinderstuben. Wie Kinder zu Bauern, Bürgern, Aristokraten wurden. 1700–1850. Herausgegeben von Jürgen Schlummbohn. München 1983, S. 226f.
[5] ebd., S. 301.

Verlagerung sind die Schulen heute mit der Herausforderung von Gewalt und Aggression konfrontiert.

Verschiedene Gründe führten zu dieser Verlagerung des Terrains. Als erstes sind die komplizierten, gefährlichen Schulwege zu erwähnen, die höhere Anforderungen an die Kinder stellen. Die Gefahren des Straßenverkehrs machen es heute nötig, daß wir unseren Kindern einbleuen, sich im Straßenverkehr richtig zu verhalten. Sie haben auf dem Trottoir zu gehen, vor dem Fußgängerstreifen zu warten, dürfen niemals bei Rot über die Straße und müssen nach links und rechts Ausschau halten, bevor sie eine Straße überqueren. Dem Kind werden Anpassungsregeln vermittelt, dank derer sich das Unfallrisiko senkt. Die meisten Schulkinder können die Gefahren des Straßenverkehrs nachvollziehen und benehmen sich entsprechend vorsichtig. Da sie kein Interesse daran haben, überfahren zu werden, passen sie sich den Forderungen der Erwachsenen und der Polizei an. Sie verhalten sich auf dem Schulweg einigermaßen diszipliniert. Der Schulweg verlangt eine Anpassungsleistung.

Leider hat diese nötige Forderung auch eine nachteilige Wirkung: Die undisziplinierte, halbchaotische Atmosphäre auf dem Schulweg verschwindet. Streunen, Schlendern, Herumsausen, Balgen und Streiche anstellen sind nicht möglich. Das Explorationsfeld Schulweg geht verloren. Die Kinder gehen direkt nach Hause oder werden von ihren Eltern abgeholt und haben darum weniger Gelegenheit, sich mit andern Kindern zu treffen und zu verbünden. Die Banden werden selten auf dem Schulweg aktiv. Wenn ein Kind mit einem orangeroten Verkehrsstreifen nach Hause marschiert und weiß, daß es in zehn Minuten da sein sollte, ist die Chance, daß sich eine Bande zusammenfindet, vertan.

Ein weiterer Grund für die Verlagerung des Austragungsortes der Banden liegt in der Humanisierung der Schulen. Bis vor wenigen Jahrzehnten galten die Schulen als Institutionen, vor denen sich Schüler und Schülerinnen fürchteten. »Für die Mehrzahl der Kinder dagegen war die Schule, wenn sie sie überhaupt besuchten, ein Ort der äußerlichen Dressur, des Stillsitzens, der Prügel und des Auswendiglernens.«[6] Die Schüler konnten nie wissen, wie der Lehrer reagierte, ob man eine Strafe aufgebrummt bekam, relegiert oder ein

[6] Kinderstuben. Wie Kinder zu Bauern, Bürgern, Aristokraten wurden. 1700–1850. Herausgegeben von Jürgen Schlummbohn. München 1983, S. 220.

Opfer der Launen des Lehrers wurde. Aus der Sicht der Schüler waren die Schulen oft Horroranstalten, die durch ihre Dressur- und Strafmaßnahmen und ihre Willkür den Kindern Respekt einflößten. Schulen und Lehrer waren gefürchtet.

Bis vor wenigen Jahren war es in englischen Internaten üblich, daß im Schulzimmer ein Lederband – »the strap« – an der Wand hing oder im Pult des Lehrers lag. War ein Schüler unfolgsam, so mußte er vor die Klasse treten und eine Hand hinhalten. Dann verabreichte der Lehrer mit dem Riemen kräftige Schläge. Nützten die Hiebe nichts, so wurde der betreffende Schüler ins Rektoratszimmer beordert, wo ihn die schlimmere Strafe des Headmasters erwartete: Mit heruntergelassener Hose am Rektorpult stehend, mußte er peitschenartige Schläge auf sein Gesäß erdulden.

Solche Strafmaßnahmen hatten zur Folge, daß die Schüler und Schülerinnen die Schulen fürchteten. Schulen waren keine angenehmen Orte, es galt, sie möglichst rasch zu verlassen. Heute sind die Schulen humaner geworden. Dies hat den unbestrittenen Vorteil, daß sich die Kinder dort wohler fühlen. Sie fürchten sich weniger vor den Lehrern und Lehrerinnen, die ihnen nicht mehr als zeitweilige Schreckgestalten imponieren, sondern auch Verständnis haben. In den Schulzimmern kann die Folge sein, daß der Lehrer oder die Lehrerin nicht mehr als dominante Gestalt erlebt wird, sondern als Mitglied der Gruppe.

Die Lehrerin einer fünften Klasse beschwerte sich bei den Eltern eines Mädchens über das unflätige Verhalten ihrer Tochter: Sie erlaube sich immer wieder, so die Lehrerin, ihr mit der Hand eins auf das Gesäß zu hauen. Die Lehrerin empfand dies als unfein und wunderte sich über die Impertinenz des Mädchens...

Es ist ein großer Fortschritt, daß die Schulen menschlicher geworden sind, die Kinder sich heute freier entfalten und mit ihrer ganzen Persönlichkeit in die Schulen einbringen können. Doch leider wird das Bedürfnis nach Bandenaktivität auch in der Schule abreagiert, und die spezifische Bandendynamik zeigt sich im Klassenbereich. Wo die Schüler früher auf die Lehrerautorität ausgerichtet waren, steht nun für die Kinder das Bandengeschehen im Zentrum. Umfragen in Berner Schulen zeigen, daß das Interesse an den Vorkommnissen in der eigenen Bande für die Kinder viel größer ist als am eigentlichen Lernstoff oder an der Lehrerperson.

Schließlich hängt die Verlagerung des Bandenterrains mit der

Kinderzahl in unserer Gesellschaft zusammen. Da einerseits die Anzahl der Kinder pro Familie abgenommen hat und der Anteil der Erwachsenen an der Gesamtbevölkerung steigt und andererseits die verfügbare Wohnfläche pro Person zunimmt, hat sich die Präsenz der Kinder in unserer Gesellschaft vermindert. Auf der Straße, in Geschäften und auf öffentlichen Plätzen sind Kinder deutlich in der Minderzahl. Nicht das Kindergeschrei oder das wilde Herumrennen von Mädchen und Jungen dominiert, sondern der gemächlichere Rhythmus der ruhigeren Erwachsenen. Die Kinder haben sich aus öffentlichen Lebensbereichen zurückgezogen, da sie sich nicht mehr gegen die deutliche Übermacht der Erwachsenen durchsetzen können. Zugelassen werden sie in speziellen, umfriedeten Territorien: den Spielplätzen. Da diese jedoch von den anwesenden Müttern streng beobachtet werden, ist es auch dort meist kaum möglich, daß sich Banden bilden. Auf Spielplätzen können sich die Kinder auch deswegen nicht der Welt bemächtigen, weil das präsentierte Territorium schon für sie hergerichtet wurde: Die Kinder sollen sich auf Schaukeln hin- und herbewegen, durch Röhren kriechen oder an Seilen hinunterrutschen. Solchen Aktivitäten gehen sie mit Vergnügen nach, doch das Sich-Aneignen der unheimlichen Welt über die Bande findet nicht statt. Das Mysteriöse, Übermächtige und Unverständliche, das die Kinder in der Außenwelt wahrnehmen, ist ausgegrenzt. Um im Sandkasten zu spielen, braucht es keine Bande.

Die Hyperpädagogisierung der Kinder

Der letzte Grund der Verlagerung der Banden- und Gruppenaktivitäten der Kinder in die Schulen ist die Hyperpädagogisierung. Darunter wird die übermäßige Beanspruchung der Kinder durch organisierte Freizeit- oder Förderungsaktivitäten verstanden. Die Wochenpläne der Kinder und Jugendlichen sind ausgelastet. Neben der Schule sind sie noch in vielen Aktivitäten engagiert: Karate-Unterricht am Montag, Ausdrucksmalen am Dienstag, Ponygruppe am Mittwochnachmittag, Frühenglisch am Freitag und Pfadfinder-Gruppe am Samstag. Solche Kinder haben fast keine freie Zeit, sondern müssen sich auch in der schulfreien Zeit einem Plan oder Programm fügen. Im einzelnen sind diese Förderungs- und Aktivierungsversuche durchaus sinnvoll und werden von den Kindern meist mit Begeisterung aufgenommen, doch droht das Übermaß. Durch den an sich achtenswerten Versuch, die Kinder zu fördern, wird ihre Lebenswelt verplant.

Die meisten Kinder suchen diese Aktivitäten, wollen zeichnen, malen, kneten, turnen oder gar fremde Vokabeln lernen, doch wird damit auch der Langeweile ausgewichen. Die Eintönigkeit des endlosen freien Mittwochnachmittags ist aber nötig, damit sich in den Kindern eigene Ideen und Kräfte mobilisieren. Werden die Kinder durch Programme verführt, so erleben sie kaum mehr Langeweile in der Gruppe. Sie fügen sich den Erwartungen des Kursleiters und verpassen die Faszination und Eintönigkeit des gemeinsamen Herumstreunens. Da man viel zu beschäftigt ist, gibt es weniger Gelegenheiten zur Bildung einer Bande.

Die Vermenschlichung der Schule, die Verminderung der Kinderzahl und die Hyperpädagogisierung sind Gründe, weshalb sich Kinder heute ihren Mikrokosmos in der Schule suchen. Wie vorhin erwähnt, werden Kinder durch die Banden mit einem Teil der Lebenswirklichkeit konfrontiert. In ihnen erfahren sie die positiven wie auch negativen Seiten der menschlichen Existenz. Die Verlagerung des Austragungsortes der Banden ist ein Grund, weshalb sich das Erscheinungsbild der Gewalt heute verändert hat. Sie ereignet sich heute oft in den Schulen, da sich im außerschulischen Bereich weniger Gelegenheit dafür bietet. Der Dämon Gewalt hat sich heute die Schule als Ort gewählt, wo er sich austoben kann.

Die Homeboys oder das Bedürfnis nach einem eigenen Mythos

Eine Bande lebt psychologisch gesehen nicht im luftleeren Raum. Diese Kinder- oder Jugendgruppen brauchen eine gemeinsame Vorstellung, mit der sie sich identifizieren können. Ein gemeinsames Leitbild, das ihnen die Möglichkeit gibt, sich zu spiegeln. Dieses muß einerseits die Qualität ihres Daseins einfangen, andererseits sich deutlich von der Erwachsenenwelt, so wie sie die Kinder wahrnehmen, abheben. Das Leitbild sollte eine Subkultur darstellen. Im Leitbild wird eine Gegenwelt beschrieben, die die Erwachsenen meiden. Es enthält Bilder und Symbole, die das eigene Lebensgefühl ausdrücken oder, mit anderen Worten, einen Mythos, der die eigene Generation und Zeit als einzigartig erscheinen läßt.

Jede Bande oder Kindergruppe sucht sich einen Mythos, der ihr schon in der Gegenwart eine eigene Geschichte garantiert. Da keine Generation sich still und unbemerkt in die jeweilige Gesellschaft einfügen will, sucht sie das Gefühl der Einzigartigkeit und dafür eine eigene axiomatische Erklärungsgeschichte, die bei diversen Herausforderungen und Problemen zitiert wird. Dieser Mythos liefert die Gründe des eigenen Handelns. Er ermöglicht, sich in die Welt einzubringen. Der Mythos ist die Geschichte, die aus den Angeln des eigenen Seins hebt und ein Sinngefühl vermittelt.

Die Mythen oder Leitbilder suchen sich die Kinder und Jugendlichen aus den Informationen, die sich ihnen anbieten. Oft sind es Bilder aus den Medien, der Musik- und Filmindustrie, die den Kindern ein breites Spektrum von möglichen Identifikationsfiguren und -szenerien anbieten. Die multimediale Vernetzung der westlichen Welt hat dazu geführt, daß Kinder mit Bildern aus diversen Subkulturen konfrontiert werden. Sie hören vom Straßenleben der Kinder in Rio de Janeiro, sehen Bilder von Jugendlichen in Jamaika, die sich über Reggae einen Sinn im Leben geben, oder vernehmen, was in New York, London, Paris oder in einer anderen Weltstadt passiert. Durch die Medien werden den Kindern verschiedene Welten präsentiert, in denen sie sich spiegeln können. Aus diesem immensen Material von Bildern und Symbolen konstelliert sich alle paar Jahre wieder ein neuer Mythos. Jede Generation scheint eine Subkultur auszuwählen, die Träger ihres Lebensgefühls wird.

Betrachten wir die Leitbilder der vergangenen drei Generationen, so sehen wir, wie immer wieder einer anderen Weltgegend die Ehre, Träger eines Mythos zu sein, zukam. Die Existentialisten der fünfziger Jahre haben Paris zu ihrem Mekka auserkoren. Paris strahlte eine Lebenshaltung aus, die jeden Glauben und jede Werthaltung ablehnte. In den sechziger Jahren wurde für kurze Zeit London zum Träger eines Mythos: Mit der Beat-Musik, die die Beatles, Rolling Stones und andere verbreiteten, identifizierte man gleichzeitig ein neues Lebensgefühl. Alles geschah in London. Später übernahm San Francisco im Zusammenhang mit der Flowerpower diese Rolle. Im Hight-Ashbury-Park in San Francisco geschah »es«. Tausende dieser Generation phantasierten sich nach Kalifornien und ahmten die entsprechende Subkultur nach. In den Augen der jeweiligen Generation wurden ein neues Wertsystem und eine neue Lebenshaltung geboren. Die Subkultur verhalf zu einer eigenen Geschichte.

Das heutige Leitbild oder der heutige Mythos ist jener der Ghetto-Kids. Ende der achtziger Jahre, Anfang der neunziger Jahre stieg der Homeboy-Mythos zu einer Leitgröße auf. Tausende von Kindern orientieren sich heute an Vorstellungen, die sie auf die Kinderbanden in den Straßen New Yorks, Chicagos oder Los Angeles' projizieren. Sie sehen sich als Dschungelkämpfer, die sich in einer unübersichtlichen, feindlichen Welt bewähren müssen. Der Homeboy-Mythos dient der heutigen Generation als Leitbild.

Wie jeder Mythos wird er natürlich verschieden interpretiert. Ein Mythos ist keine konkrete Erklärung, sondern eine psychologische Szenerie, durch die ein Lebensgefühl eingefangen wird. Einzelne Kinder betonen vor allem den Aspekt der Musik: Das »Rappen« ist wichtig.

Für andere Kinder und Jugendliche steht nicht das Rappen im Vordergrund, sondern Break-Dance und der Hip-Hop. Diese Tanzarten, die vor allem die schwarzen Kinder in den Großstädten entwickelten, werden imitiert. Dank diesen originellen Tanzformen gelingt es vielen Kindern, neuartige Bewegungsabläufe zu finden. Für eine dritte Gruppe stehen die Graffiti im Zentrum. Sie sprayen an Betonwände Bilder und »Tags«: Sprüche und Wörter, durch die das eigene Territorium markiert wird. Der Homeboy-Mythos hat also verschiedene Facetten. Je nach Präferenz wird die eine oder andere Seite betont.

Neben den obigen Qualitäten des Homeboy-Mythos, der oft kreativ auf den Lebensalltag der Kinder und Jugendlichen einwirkt, gibt es leider auch eine destruktive Auslegung. Während bei der Hippie-Bewegung Gewalt völlig tabuisiert wurde, wird sie beim Homeboy-Mythos zum Teil gesucht und zelebriert. Gewalt wird nicht abgelehnt, sondern als Möglichkeit, sich ins Dasein einzubringen, gesucht. Der Homeboy-Mythos zeichnet auch das Bild des Straßenkämpfers, der sich mit Baseballschläger, Ninja-Stern oder Schlagring wehrt. Im Bild, das sich viele Kinder und Jugendliche von den Homeboys machen, ist Gewalt eine Möglichkeit der Sinnfindung. Die Homeboys müssen an sich nicht gewalttätiger sein als andere Jugendgruppen, doch in ihrem Mythos ist Gewalt erlaubt.

In einzelnen Homeboy-Gruppen zeigt sich dies darin, daß die Jugendlichen spezielle Gewaltrituale vollziehen. Die Kinder unterscheiden zwischen den Toys und den eigentlichen Homeboys. Zu den Toys gehen die Elf- bis Dreizehnjährigen. Um bei den älteren Homeboys aufgenommen zu werden, müssen sie einen Asylanten oder Homosexuellen verprügeln. Erst durch eine solche Gewalttat werden sie als Homeboy anerkannt.

»Ich versuche mir einen Namen zu machen. Ich versuche, eine schlechte Reputation zu haben – ich habe eine schlechte Reputation, aber sie ist noch nicht so, wie ich es will. Ich will meinem Namen Ehre machen. Ich möchte kriminell sein, bös, oder alles. Ich möchte mich im Bösen verwirklichen. Weißt du, wovon ich rede? Jeder kann kämpfen, wir können kämpfen. Jeder kann schießen, wir können schießen. Ich möchte töten, wir können töten. Was auch immer.« Dies die Aussage eines Homeboy aus Los Angeles.[7]

In ihrer eigenen Wahrnehmung sehen es die Homeboys anders. Nicht sie sind es, die gewalttätig sind, sondern die andere Bande oder die Polizei. Oft denken sie in einem klaren Freund-Feind-Schema, das aggressive Handlungen gegen Mitglieder anderer Banden oder Repräsentanten des Staates erlaubt. Auf die Frage, wieso sie töten, antworteten Homeboys in den Correction Centres Kaliforniens: »Cause he's my enemy.«[8]

[7] Léon Bing: Do or Die. New York: Harper & Collins 1991, S. 21.
[8] ebd., S. 121.

In der Optik dieser Gruppen werden Äußerlichkeiten oder nichtige Anlässe als Legitimation für eigene Gewalt gesehen. Die scheinbare Belästigung eines eigenen Fly-Girls durch eine andere Bande, das Tragen der »Raider«-Jacke im falschen Territorium oder die falsche Turnschuhmarke fordern Gegenmaßnahmen heraus. Aus der Sicht der Banden sind dies Frechheiten, auf die reagiert werden muß. Die Bandenmitglieder der Crips und Bloods in Los Angeles bezichtigen sich dabei gegenseitig sinnloser Brutalität. Ihre eigenen Aktionen sind legitimiert, da die Gegenseite noch grausamer sei.

»Ich kenne die Crips, seit ich dreizehn bin…, diese Kids sind skandalös. Ein zweijähriges Kind in den Armen seiner Mutter zu erschießen, nur weil es rote Schuhbänder trägt?! Das Baby trug rote Schuhbänder! Diese Kids erschießen irgend jemand.« Aussage eines ehemaligen Bloods-Mitgliedes aus South Central Los Angeles.[9]

Nur ein kleiner Teil der Kinder und Jugendlichen lebt die Gewalt aus, wie es gewisse Homeboy-Gruppen in den Vereinigten Staaten tun. Wie erwähnt, ist der Mythos der Ghetto-Kids facettenreich. Im Homeboy-Mythos wird Gewalt jedoch zum Teil legitimiert im Rahmen des Überlebenskampfes im Dschungel.

Gewalt als Hilfeschrei

Ich habe aufzuzeigen versucht, welches die Bedeutung der Gruppe oder Bande für Kinder ist. Anschließend habe ich dargestellt, wie sich die Auseinandersetzung mit der eigenen Altersgruppe, mit den Banden aus Außenbereichen in die Schule verlagert hat. Weiter haben wir die Leitbilder oder Mythen betrachtet, nach denen sich diese Kinder- oder Jugendlichen-Gruppen richten. Nur ein Teil der Gewalt in Schulen wird durch solche Banden verursacht. Jeder Lehrer wird bestätigen, daß die Gewalttätigkeiten an Schulen nicht ohne weiteres mit heimlichen Bandenkriegen in Verbindung gebracht werden können. Oft sind es einzelne, besonders aggressive, hemmungslose Kinder, die als eigentliche Täter auffallen. Häufig Kinder, die milieugeschädigt sind, zu Hause geschlagen werden und

[9] ebd., S. 105.

ihren Frust in der Schule abreagieren, Schüler und Schülerinnen, die aus seelischer Not gewalttätig werden. Ihre Gewalt ist ein Hilfeschrei. Oft sind es auch Kinder, die sich sozial schlecht integriert haben. Sie fühlen sich als Fremde, Opfer oder Außenseiter. Ihre erhöhte Aggressivität ist ein verzweifelter Versuch, sich in der eigenen Altersgruppe Anerkennung zu verschaffen. Nicht eine Bande steht hinter ihrem Verhalten, sondern es sind persönliche Probleme: Giovanni ist ein Fünftkläßler und lebt in einer Berner Vorortsgemeinde. Von seinen Schulkameraden wird er ausgegrenzt. Sie beschuldigen ihn, sich brutal zu verhalten. Er verteile Püffe in den Magen, zerre Mädchen an den Haaren und beiße seine Gegner. Alles, was Giovanni sagt und tut, wird von den andern abgelehnt.

Im Einzelkontakt ist Giovanni zugänglich und redselig. Er berichtet stolz von den Kontakten, die sein Vater zur sizilianischen Mafia habe. Er entstamme einer großartigen italienischen Familie. Weiter phantasiert er über das eigene Fußballteam, das er bald gründen werde. Auffallend ist die große Diskrepanz zwischen seiner Eigenwahrnehmung und den Schilderungen seiner Klassenkameraden. Während er sich als Big King vorstellt, ist er in Wirklichkeit ein Außenseiter.

In der Abklärung stellt sich schließlich heraus, daß Giovanni von seinem Vater regelmäßig geschlagen wird. Seine Mutter ist resigniert, apathisch und scheint innerlich aufgegeben zu haben. Giovanni flüchtet sich in die Größenphantasien, um sein Selbstwertgefühl zu erhalten. Seine Aggressivität muß im Zusammenhang mit seiner inneren Not gesehen werden.

Wenn Gewalt und Aggression in Schulklassen von einzelnen schwierigen Schülern oder Schülerinnen ausgehen, brauchen diese Kinder eine individualpsychologische Betreuung. Ihre Appelle müssen ernst genommen werden.

Aus gruppenpsychologischer Perspektive ergibt sich jedoch noch eine andere Sichtweise. Ob sich diese schwierigeren, enthemmten oder milieugeschädigten Kinder mit ihrer Problematik durchsetzen oder ob die Gruppe ihre Neigung neutralisiert, hängt von der übrigen Kindergruppe, von der Klassenkonstellation, Atmosphäre, von Leitbildern und internen Gruppen ab. Bei Kindergruppen, die eine schwache Struktur aufweisen, ist die Wahrscheinlichkeit größer, daß die problematischen Kinder den Ton angeben. Haben die Kinder als Gruppe aber Kräfte entwickelt, die sie den Ansprüchen der problematischen Kinder entgegensetzen können, ist die Chance besser, daß keine rohe Gewalt ausbricht. Die positiven Gruppenkräfte reduzieren dann den Einfluß aggressiver Kinder.

Rituale gegen Gewalt

Zu den positiven Leistungen einer Bande oder Kindergruppe gehören die Rituale. Unter einem Ritual versteht man ein stereotypes Verhalten, das bei bestimmten Herausforderungen aktiviert wird. Rituale sind kollektive Handlungsabläufe, die zur Verfügung stehen, um schwierige Situationen zu meistern, wenn Gefahren drohen, bei Übergängen wie Heirat, Geburt oder Tod. Die Rituale kommen ins Spiel, um einerseits Sicherheit zu gewähren, andererseits um zu verhindern, daß rohe Triebe überhandnehmen. Rituale sind immer gruppenbezogen.

Aus der Ethnologie kennen wir verschiedene rituelle Formen, wie Völker oder Stämme mit Gewalt umgehen.

Die Landschaft Papua-Neuguineas, des großen Inselstaates bei Indonesien, ist gekennzeichnet durch Gebirge und Wälder. In den verschiedenen Tälern leben jeweils Stämme, die über eigene Sprachen verfügen. Viele dieser Stämme führen miteinander Krieg. Die kriegerischen Auseinandersetzungen dauern oft monatelang und nehmen viel Energie und Zeit in Anspruch. Auffallend ist jedoch, daß es trotz dieser kriegerischen Aktivitäten relativ selten Tote und Verwundete gibt. Ein Stamm mag sich kriegerisch kleiden, bemalen und aufgeregt gegen den anderen losziehen, ohne daß es zu eigentlichen Zerstörungen und Tötungen kommt.

Betrachtet man diese Kriegszüge, so sind Verhaltensmuster erkennbar. Ein Stamm stürmt mit lautem Geschrei auf den anderen zu. Jener weicht zurück, um sich später zu fassen und dann ebenfalls wild schreiend nach vorne zu stürmen. Zwischendurch fliegen Speere. Die Exklamationen der Stämme bestehen aus großmäuligen Beschreibungen der eigenen Fähigkeiten und des eigenen Reichtums. Der andere Stamm wird dagegen mit schmählichen Schimpftiraden bedacht und als armselig bezeichnet. Es wird heftig geprahlt und geschimpft. Oft muß dann als Beweis für den eigenen Reichtum eine Kuh herhalten, die aus dem Dorf hergeschleppt wird. Auf offenem Feld wird sie geschlachtet, damit die anderen sehen, wie reich man ist. Natürlich muß dann der andere Stamm gleichziehen und ebenfalls eine oder zwei Kühe opfern. Diese Form der rituellen kriegerischen Auseinandersetzung – die leider heute in Papua-Neuguinea eine immer geringere Rolle spielt – war den australischen Entwicklungshelfern ein Dorn im Auge, da sie ihre Bemühungen, die Landwirtschaft Papua-Neuguineas zu fördern, immer wieder zunichte machte. Die Kühe, die den Stämmen geschenkt wurden, landeten immer wieder buchstäblich auf dem Schlachtfeld.

Solche und ähnliche rituelle Formen der Gewalt sind in verschiedenen Stämmen Asiens, Afrikas und Südamerikas zu beobachten. Es zeigen sich hier Rituale, bei denen ein Quentchen Gewalt zugelassen wird und Spannungen abreagiert werden, ohne daß es zu Tod und Zerstörung kommen muß. Das Ritual bremst die Aggression, indem es sie in eine soziale Form bettet.

Interessanterweise sind ähnliche Rituale bei Schulkindern zu beobachten. Bei günstigen Voraussetzungen entwickeln sich Verhaltensmuster, durch die die Kinder ihre Aggressionen abreagieren. Ein bißchen Gewalt flammt auf, doch sie wird nicht roh ausgelebt.

In einer vierten Klasse war es üblich, daß jeden Freitag jemand verprügelt wurde. Jeweils am Morgen wurde der Name des Opfers bekanntgegeben. Es hieß dann zum Beispiel: »Am Nachmittag kommt Bärbel dran!« Klar war, daß die Prügelei nach Schluß der letzten Nachmittagsstunde stattfand. Dementsprechend wuchs während des Tages die Spannung stetig. Die Schulkinder fieberten auf das Ereignis hin, solidarisierten sich mit dem Opfer, hatten selber Angst oder schlossen sich den Aggressoren an. Auffallend war jedoch in der Klasse, daß es ganz selten zu einer tatsächlichen Prügelei kam. Da der Name des Opfers schon am Morgen bekannt war, konnte es die nötigen Vorkehrungen treffen. Nach der letzten Stunde mußte es auf dem schnellsten Weg nach Hause rennen, damit es nicht erwischt wurde. Selten bis nie ist es vorgekommen, daß das Opfer wirklich erwischt und drangsaliert wurde. In dieser Klasse war die Gewalt ritualisiert.

Andere Beispiele betreffen die Bandenkriege zwischen Dörfern und Vierteln, die unter Kindern und Jugendlichen stattfinden. So berichtete ein Vater, daß sie sich während seiner Schulzeit als Witikoner Knaben (ein Stadtteil von Zürich) auf Konfrontationen mit den bösen Zolliker Buben (Dorf neben der Stadt) vorbereitet hätten. Während der ganzen Schulzeit hätten sie Pläne geschmiedet und herauszufinden versucht, was die bösen Buben auf der anderen Seite des Hügels im Schilde führen. Von der bevorstehenden großen Schlacht der Abrechnung sei die Rede gewesen. Er selber und seine Klassenkameraden hätten diese bösen Zolliker Buben jedoch nie zu Gesicht bekommen, und noch heute wisse er nicht, ob es die Zolliker Buben auch wirklich gegeben habe.

Ähnliche rituelle Formen der Auseinandersetzungen gibt es zwischen verschiedenen Stadtvierteln: Die Wipkinger Buben (Stadtteil Zürichs) rüsteten sich immer wieder gegen die Obersträßler (ein anderer Stadtteil). Die beiden Gruppen trafen sich jeweils auf einem bestimmten Feld. Im Gegensatz zu den Zolliker Buben sind die Obersträßler oft tatsächlich erschienen, haben Drohgebärden vollführt und die Wipkinger Knaben mit Steinen beworfen. Effektive Auseinandersetzungen waren jedoch sehr selten, meist blieb es bei den Vorbereitungen und Drohungen.

Rituale können zu einer Tradition werden. In Brunnen, Kanton Schwyz, war es üblich, daß der St. Nikolaus zwei Begleiter hatte. Diese »Mutzlis« wurden jeweils von zwei Jungen des Dorfes dargestellt. Wenn der St. Nikolaus durch das Dorf zog, war es den beiden Jungen, die in braune Kutten gekleidet waren, erlaubt, alle zu verprügeln, die sie antrafen.

Ein Kollege berichtete mir, daß sich während seiner Schulzeit in einem Internat ein spezielles Spiel etabliert hatte. Wenn gegen einen Klassenkameraden etwas vorlag, er gegen eine Gruppenregel verstoßen hatte, so wurde er zu folgendem Spiel herausgefordert. Mit einem Kissen bewaffnet, mußte er sich auf ein Bett stellen, die anderen Jungen standen ihm gegenüber. Das Kissen durfte nur an zwei Ecken gehalten werden. Nach dem Anpfiff des Spielleiters, eines älteren Schülers, wurde drauflos geschlagen. Das Spiel durfte nur auf dem Bett ausgetragen werden. Der ältere Schüler bestimmte, wann das Spiel zu Ende war.

Solche Gewaltrituale, die Schlimmeres verhindern, sind häufig auf dem Pausenhof zu beobachten. Es wird gekämpft, doch es ist klar, daß, sobald ein Beteiligter auf dem Rücken liegt, der Kampf vorbei ist. Oder man greift sich gegenseitig an; Beißen, Kratzen, An-den-Haaren-Reißen und Würgen ist jedoch nicht erlaubt.

Von kohärenten Gruppen entwickelte Rituale sind die einzige

Antwort auf drohende Gewalt. Sie lassen ein Stück Gewalt zu, verhindern jedoch ihr Ausarten. Solche Rituale müssen von den Kindern selbst entwickelt und getragen werden. Es ist eine Illusion, zu glauben, daß wir Gewalt und Aggression aus der Kinderwelt verbannen können. Die Gewalt wird immer da sein, doch geht es darum, eine soziale Form zu finden, die Destruktivität und brutale, enthemmte Gewalt ausschließt. Die Neigung zu Gewalt scheint ein menschlicher Urtrieb zu sein. Diese von oben herab verbieten zu wollen ist zwecklos; dabei verschiebt die Gewalttätigkeit sich bloß oder eskaliert sogar. Gewalt kann nur mit Hilfe der positiven Kräfte in Kindergruppen bewältigt werden, und Rituale sind ein wertvoller Weg, die Gewaltneigung der Kinder einzudämmen.

Ein weiteres, früher gut funktionierendes Gewaltritual war der Zürcher Schulsilvester. Am letzten Schultag des Jahres standen die Kinder morgens um vier oder fünf Uhr auf, nahmen Pfannendeckel, Hörner, Schellen und andere Lärmutensilien, zogen lärmend durch die Straßen und rissen die Bürger aus dem Schlaf. Die Idee war, die Erwachsenenwelt zu ärgern. Beliebt war das An-der-Tür-Läuten. Gelang es, jemanden aus dem Bett und an die Tür zu zwingen, war die Aktion erfolgreich. Ein wütendes Erwachsenengesicht galt als Glanzresultat der eigenen Anstrengung. Neben dem Lärm und dem Aufwecken der Mitmenschen gehörten Streiche zum Schulsilvester. Mit Vorliebe wurden Gartentore ausgehängt, Autos mit Rasierschaum bedeckt oder Gartenmöbel versteckt. Es gab eine ganze Palette von Handlungen, die, obwohl verboten, trotzdem begangen wurden und nicht eigentlich destruktiv waren.

Ende der sechziger Jahre versuchten die Lehrerschaft, die Erziehungsdirektion und besorgte Eltern, das Treiben des Schulsilvesters einzudämmen. Hallenbäder wurden frühmorgens geöffnet und die Lehrer angehalten, mit einem alternativen, attraktiven Morgenprogramm die Schüler in die Schulen zu locken. Weiter wurde der Bevölkerung geraten, ihre Türklingel abzustellen. Die Polizei erließ ein Verbot, vor sechs Uhr auf die Straße zu ziehen.

Tatsächlich strömten viele Kinder in die Schule, schlossen sich den dort angebotenen Spaziergängen oder Discoparties an. Die Kinder seien nun weg von der Straße und trieben keinen Unfug mehr, glaubten viele Pädagogen und Eltern. Leider war jedoch der Effekt umgekehrt. Die braveren, angepaßten Kinder gingen zwar zur Schule, viele entschlossen sich jedoch, noch früher aufzustehen, und wichen auf gewalttätigere Aktivitäten aus. Da das Ritual durch die gezielten pädagogischen Interventionen zerstört war, wurden nun Briefkästen gesprengt, Autos zerkratzt, Scheiben zerschlagen und Mülltonnen angezündet. Ohne das Ritual trat die Gewalt roh und zerstörerisch zutage. Die wohlgemeinten pädagogischen Bemühungen hatten das Gegenteil bewirkt und ein Ritual zerstört, das sich innerhalb der Kinderwelt über Jahrzehnte entwickelt hatte als Versuch, die eigene Gewaltneigung einzudämmen.

Gewalt in den Medien

Ein Thema, das die Gemüter immer wieder beschäftigt, ist die Gewalt in den Medien. In der Tagesschau, in Filmen oder auf Videokassetten werden den Kindern Gewaltszenen präsentiert. Ob ›Rambo‹, die ›Klasse 84‹ oder Lifeberichte von Überfällen: Gewalt ist in den Medien onmipräsent. Tagtäglich können wir Morde, Überfälle, Schlägereien und Zerstörungsaktionen in unserem Flimmerkasten verfolgen. Schon früh werden die Kinder mit diesen Horrorszenarien konfrontiert. Dazu kommen die diversen Computerspiele, in denen Menschen erschossen, Flugzeuge abgeknallt oder gar Atombombenkriege inszeniert werden. Solche Spiele erschrecken uns. Wir empfinden es als abstoßend, daß solch grauenhafte Ereignisse auf dem Bildschirm dazu dienen sollen, unseren Spieltrieb abzureagieren. Müssen Videogames, Medien und Filme nicht einen verrohenden Einfluß auf die Kinder ausüben?

Die Frage nach der Auswirkung der Medien und Videogames wird heftig diskutiert. Untersuchungen scheinen zu belegen, daß Gewaltszenen im Fernsehen die Aggressionsbereitschaft erhöhen. Tatsächlich belegen diese Untersuchungen jedoch nur, daß sich der Erregungszustand und die Neigung, kriegerische Spiele zu spielen, erhöhen. Daß die Kinder jedoch wirklich in ihrem Alltag gewalttätiger und hemmungsloser werden, ist nicht bewiesen.[10] Zur Frage des Einflusses der Medien ist folgendes zu sagen:

[10] Siehe: L. R. Huesmann und N. M. Mammuth: Media Violence and Antisocial Behavior. In: Journal of social issues, vol. 42, 1986, Nr. 3.

Entscheidend ist, wie die Kinder auf Gewaltszenen reagieren, was das Ereignis mit dem Kind »tut«, welche psychologischen Prozesse ausgelöst werden. Es ist zu einfach anzunehmen, daß das Kind die Szenen vom Fernsehen oder Video im Maßstab eins zu eins imitiert. Wären Beispiele so wirksam, müßten unsere Schulen einen gigantischen Erfolg haben. Die Reaktionen der Kinder auf Szenen im Fernsehen sind komplex. Die direkte Nachahmung ist nur eine von verschiedenen möglichen Reaktionsweisen.

Eine andere bekannte Reaktionsart ist die Abwehr: Die Gewaltszene ist so gräßlich, daß das Kind sie nicht wahrnehmen will. Es schließt die Augen, fokussiert auf das Gute im Film und übersieht die Gewalt. Auf diese Weise schützt es sich. Viele Kinder reagieren spontan auf diese Weise. Das Schreckliche wird nicht registriert.

Eine weitere Reaktionsweise ist die Fiktionalisierung: Beim Anblick einer Gewaltszene fragen sich die Kinder, ob es sich um Realität oder Fiktion handelt. Wird ein Film als Fiktion betrachtet, so ist es ihnen möglich, ihn ohne seelischen Schaden anzusehen. Was sich vor ihren Augen abspielt, ist eine Form von Märchen. Eine schreckliche Geschichte, die Furcht und Wonneschauer aufkommen läßt, die jedoch nichts mit der Realität zu tun hat. Kinder zeigen schon früh ein feines Sensorium für fiktive Szenen.[11] Sie wissen zu unterscheiden, was wahr ist und was speziell für den Film inszeniert wurde. Gewaltszenen in Filmen werden meist als fiktive Gewalt kategorisiert. Solche Szenen haben in der Regel keine enthemmende Wirkung, sondern führen allenfalls zu leicht erhöhter Erregung der Kinder.

Eine andere Reaktionsart ist die Abscheu. Viele Kinder mobilisieren moralische Kategorien, wenn sie Gewaltszenen beobachten. Sie empören sich, erschrecken und werden in ihrer Ablehnung der Gewalt bestärkt. Bei dieser Reaktionsart wird nicht die Gewaltneigung der Kinder, sondern die Ablehnung der Gewalt verstärkt. Der Film sensibilisiert sie für ein Thema, das auch sie angeht und das sie meistern müssen.

Schließlich gibt es das Imitationsverhalten. Hier suchen die Kinder in den Filmen Vorbilder. Was sie sehen, wird von ihnen nachge-

[11] Helga Theunert et al.: Zwischen Vergnügen und Angst – Fernsehen im Alltag von Kindern. Eine Untersuchung zur Wahrnehmung und Verarbeitung von Fernsehinhalten durch Kinder aus unterschiedlichen soziokulturellen Milieus in Hamburg. Berlin 1992.

macht: In einer dritten Klasse hatten drei Jungen ein Mädchen zu sich nach Hause gezerrt. Die Eltern waren fortgegangen. Dort banden sie das Mädchen aufs Bett und gaben vor, sie »jetzt ficken« zu wollen. Die Kinder wußten nicht, was »ficken« eigentlich heißt. Ohne sich auszuziehen, versuchten sie, sich auf das Mädchen zu legen und ruckartige Bewegungen auszuführen. Es scheint evident, daß es eine Vorlage für dieses Verhalten in einem Video gab. Bei diesem schlimmen Vorfall, bei dem die Jungen eine Vergewaltigung imitierten, ohne eine eigentliche sexuelle Handlung auszuführen, stand die Imitation im Vordergrund. Sie wollten eine Szene, die sie in einem Video besehen hatten, nachahmen. Der Videofilm hat auf diese Jungen verrohend gewirkt.

Kinder lassen sich durch Videos und Gewaltszenen in den Medien beeinflussen. Die Frage stellt sich jedoch, ob diese schrecklichen Szenen sich wirklich immer verrohend und gewaltfördernd auswirken. Lernen die Kinder durch diese Videos gewalttätiges Verhalten, oder benützen sie diese Bilder lediglich, um eine bereits bestehende Gewaltbereitschaft abzureagieren?

Drei Jungen einer dritten Klasse entführten an einem Mittwochnachmittag eine Klassenkameradin. Sie zerrten sie in einen Schuppen und sperrten sie dort in einen Kaninchenstall. Anschließend verkündeten sie ihr, daß sie nun gehängt werde. Sie schoben ihr ein trockenes Stück Brot zu, bespritzten sie mit Wasser und erklärten, daß dies ihr letztes Mahl sei. Vor den Augen des völlig verängstigten Mädchens banden sie ein Seil um einen Balken und forderten das Mädchen auf, sich auf ihr letztes Stündchen vorzubereiten.
Obwohl die Jungen schließlich von ihrem Vorhaben abließen, war dieses Erlebnis für das Mädchen äußerst unangenehm. Später befragt, wodurch sie auf die Idee gekommen seien, eine Klassenkameradin zu erhängen, äußerten sie verlegen: »In der Sonntagsschule!« Die Sonntagsschullehrerin hatte den Kindern eine Geschichte erzählt, in der jemand zur Strafe an einen Pfahl gebunden und erhängt wird. Obwohl das sicher nicht den Intentionen der Sonntagsschullehrerin entsprach, zogen die Jungen aus der Geschichte den Schluß, daß mißliebige Zeitgenossen auf diese Weise bestraft werden. Da das Mädchen nach ihrer Ansicht zu dieser Kategorie Menschen gehörte, entschlossen sie sich zum Handeln.

Ein Blick auf die Vorgeschichte dieser Jungen zeigte jedoch, daß schon vorher eine deutliche Aggressionsbereitschaft vorhanden war. Der Führer dieser Jungengruppe fiel bereits im Kindergarten dadurch auf, daß er brutal gegen andere Kindergartenkinder vorging: So hatte er einmal eine Jacke so heftig um den Kopf eines Mädchens geschlagen, daß dieses schreiend nach Hause gerannt war und sich geweigert hatte, an diesem Tag den Kindergarten wieder zu besuchen.

Dieses Beispiel soll aufzeigen, daß die Medien nicht einseitig auf die Kinder einwirken, daß die Ursache der Gewalt nicht nur im verrohenden Einfluß der Brutalovideos liegt. Viele Kinder suchen aus einer gewissen Gewaltbereitschaft oder Gewaltlust nach Vorbildern, gemäß denen sie sich dann aggressiv inszenieren. Ihr aggressives Potential sucht sich eine Gewalt, durch die es sich entladen kann. Entscheidend ist, *wie* das Kind auf einen gewalttätigen Video- oder Fernsehfilm oder auf Spiele mit Gewalt reagiert. Wehrt es ab, reagiert es mit Fiktionalisierung und Distanzierung, oder übernimmt es das Verhalten? Die Vorstellung, daß Kinder die Gewaltszenen vorbildgetreu kopieren, ist psychologisch primitiv und gründet auf einem vereinfachten Bild der kindlichen Seele. Die Persönlichkeiten der Kinder sind zu vielschichtig, als daß eine Gewaltbotschaft direkt umgesetzt würde. Es gibt eine Vielzahl von seelischen Reaktionsmöglichkeiten – die Übernahme des Gewaltmusters ist lediglich eine unter vielen. Sie setzt in der Regel Gewaltbereitschaft und eine Suche nach gewalttätigen Vorbildern voraus.

Das Beispiel zeigt auch, daß Vorbilder für gewalttätiges Verhalten aus den unwahrscheinlichsten Lebensbereichen stammen können. Es ist zu einfach, zu behaupten, daß Videos und die Medien die Hauptschuldigen an der Gewalttätigkeit der Kinder und Jugendlichen sind. Kinder und Jugendliche imitieren zwar Vorbilder, doch tasten sie ihre ganze Umgebung ab und suchen bei entsprechender Veranlagung in ihrem Lebensbereich nach Vorgaben, um eine latente Aggressionsbereitschaft abzureagieren. Gewalttätige Szenen in Videos oder in den Medien wirken sich fatal aus, wenn das Kind im Bereich der Gewalt auf der Suche nach Vorbildern ist. Mit Ausnahme gewisser extrem brutaler Videos, die auf dem Schwarzmarkt auftauchen und auch für Erwachsene schwer verdaulich sind, wirken Videos und die Medien nicht an sich verrohend auf Kinder. Hingegen können Gewaltvideos bei problematischen, ich-schwachen und hyperaggressiven Kindern Folgen zeigen. Während gesündere Kinder das Schreckliche in Film und Fernsehen entweder fiktionalisieren, verdrängen oder übersehen, sehen problematischere Kinder darin eine Möglichkeit, ihre Gewalt auszuleben.

Gewalt in den Medien ist nicht der Grund für die Gewalttätigkeit der Kinder, sondern gibt einzelnen Kindern eine Legitimation. Sie sehen sich als Ninja-Kämpfer oder »Homies«, weil sie eine Rolle suchen, die es ihnen ermöglicht, eine latente Aggressionsneigung abzureagieren. Die Schreckensvideos und gräßlichen Medienberichte sind eine Quelle von gewalttätigen Bildern und Phantasien, aus der von innerlich verzweifelten, sozial deprivierten und verwahrlosten Kindern geschöpft wird. Die Vorstellung, daß ein Verbot von Horrovideos Gewaltvorfälle eindämme, ist zu simpel. Wie das Beispiel der Sonntagsschule zeigt, lassen sich in jeder Gesellschaft Szenen, Rollen und Bilder finden, in denen Gewalt zelebriert wird. Entsprechend motivierte Kinder und Jugendliche suchen sie und wollen sie imitieren. Es ist nicht das Horrorvideo, das enthemmend wirkt, sondern die Imitation der Gewaltszenarien des Videos drückt die Enthemmung aus. Bei gesunden Kindern bricht der moralische Überbau nicht gleich zusammen, wenn sie Gewalt in den Medien begegnen.

Die Horrorszenarien und Videospiele stellen eine neue pädagogische Herausforderung für Eltern und Lehrer dar. Wie früher bei der Verkehrserziehung müssen wir den Kindern helfen, verantwortungsvoll mit diesen Spielen und Medien umzugehen. Dämonisieren wir die Virtual-Reality-Spiele und Horrorvideos, so droht sich dieser Erlebnis- und Erfahrungsbereich der Kinderwelt abzuspalten. Eine moralistische, dieses Spiel verdammende Haltung der Erwachsenen führt dazu, daß die Kinder sich bei diesem Thema von den Erwachsenen distanzieren. Sie betrachten die Aufregung und Besorgnis der Erwachsenen als Hysterie. Da die überwiegende Zahl der Kinder und Jugendlichen das Gefühl hat, genau zwischen Realität und Fiktion unterscheiden zu können, reagiert sie auf Verbote und Moralsprüche mit Kopfschütteln. »Das ist euer Problem«, denken sie sich und gehen weiterhin in diesen Spielen ihrer Faszination der Gewalt nach. Eine rigide Haltung der Erwachsenen hat jedoch zur Folge, daß die Kinder die Erwachsenen nicht an ihren Interessen teilhaben lassen. Die Abspaltung dieses Erlebnisbereiches kann nur verhindert werden, wenn Eltern und Lehrer die Kinder begleiten. Konkret heißt das, daß sie nicht gleich die Hände über dem Kopf zusammenschlagen und entsetzt reagieren, sondern sich über die Videos informieren, sich an den Spielen beteiligen, damit sie ihre Gefühle und Gedanken den Kindern und Jugendlichen mitteilen können. Es gilt, einerseits die eigene Faszination und den eigenen Horror zu äußern, andererseits zu zeigen, welche Haltung man gegenüber dieser Freizeitbeschäftigung einnehmen könnte. Angebracht ist eine besonnene Reaktion, bei der wir die Videospiele nicht als Ausgeburt des Teufels betrachten, sondern als Zeitvertreib, bei dem die eigene Gewaltneigung und Faszination der Gewalt durchschimmert. Die Kinder müssen merken, daß auch die Erwachsenen Gewalt als mögliches Verhalten in sich selbst spüren und sich damit immer wieder auseinandersetzen.

Die Ballade vom Nachahmungstrieb

Es ist schon wahr: Nichts wirkt so rasch wie Gift!
Der Mensch, und sei er noch so minderjährig,
ist, was die Laster dieser Welt betrifft,
früh bei der Hand und unerhört gelehrig.

Im Februar, ich weiß nicht am wievielten,
geschah's, auf irgend eines Jungen Drängen,
daß Kinder, die im Hinterhofe spielten,
beschlossen, Naumanns Fritzchen aufzuhängen.

Sie kannten aus der Zeitung die Geschichten,
in denen Mord vorkommt und Polizei.
Und sie beschlossen, Naumann hinzurichten,
weil er, so sagten sie, ein Räuber sei.

Sie steckten seinen Kopf in eine Schlinge.
Karl war der Pastor, lamentierte viel
und sagte ihm, wenn er zu schrein anfinge,
verdürbe er den anderen das Spiel.

Fritz Naumann äußerte, ihm sei nicht bange.
Die andern waren ernst und führten ihn.
Man warf den Strick über die Teppichstange.
Und dann begann man, Fritzchen hochzuziehn.

Er sträubte sich. Es war zu spät. Er schwebte.
Dann klemmten sie den Strick am Haken ein.
Fritz zuckte, weil er noch ein bißchen lebte.
Ein kleines Mädchen zwickte ihn ins Bein.

Er zappelte ganz stumm, und etwas später
verkehrte sich das Kinderspiel in Mord.
Als das die sieben kleinen Übeltäter
erkannten, liefen sie erschrocken fort.

Noch wußte niemand von dem armen Kinde.
Der Hof lag still. Der Himmel war blutrot.
Der kleine Naumann schaukelte im Winde.
Er merkte nichts davon. Denn er war tot.

Frau Witwe Zickler, die vorüberschlurfte,
lief auf die Straße und erhob Geschrei,
obwohl sie doch dort gar nicht schreien durfte.
Und gegen sechs erschien die Polizei.

Die Mutter fiel in Ohnmacht vor dem Knaben.
Und beide wurden rasch ins Haus gebracht.
Karl, den man festnahm, sagte kalt: »Wir haben
es nur wie die Erwachsenen gemacht.«

Erich Kästner, 1932[12]

[12] Der Ballade liegt ein Pressebericht aus dem Jahr 1932 zugrunde.

Gewalt und Aggression im Kindergarten

Stellen Sie sich vor, sie sitzen mit Kollegen und Kolleginnen in einem schönen Gartenrestaurant. Sie unterhalten sich friedlich, essen zusammen Piccata Milanese und genießen den Abend. Plötzlich greift Ihr Tischnachbar in Ihre Spaghetti und wirft sie auf den Boden. Sie protestieren, worauf er sich jedoch nicht entschuldigt, sondern Ihre Handtasche ergreift und in hohem Bogen auf die Straße wirft. Wütend schnauben Sie ihn an, worauf der rabiate Tischnachbar sich lauthals beim Wirt über Ihr Benehmen beschwert...

Wahrscheinlich stellen Sie sich etwas anderes unter einem gemütlichen Nachtessen vor und sind nicht sehr begeistert vom Verhalten Ihres Tischnachbarn.

Eine solche Szene tönt unwahrscheinlich. Ähnliche Szenen erleben jedoch Kinder, wenn sie den Kindergarten besuchen. Was für uns wie unübersichtliches Gebalge oder unprovoziertes Schreien aussieht, hat in der Wahrnehmung der Kinder eine Geschichte. Um nachzuvollziehen, wie Kinder im Kindergarten Gewalt und Aggression wahrnehmen, müssen wir uns mit Phantasie und Einfühlungsvermögen in die Lage der Kinder versetzen. Genauso dramatisch wie beim Restaurantvorfall erleben Kinder Gewalt und Aggression im Kindergarten. Was aus Erwachsenensicht harmlos erscheint, erleben die Kinder als störend. Wenn ein sechsjähriges Kindergartenmädchen plötzlich während des selbständigen Arbeitens von seinem Tischnachbarn in den Handballen geschnitten wird oder ein Junge einen Puff in den Magen erhält, nachdem er seinem Kollegen seinen besseren Imbiß gezeigt hat, dann steigen in den Kindern ähnliche Gefühle hoch wie uns im Restaurant: Wutgefühle und Verzweiflung.

Wenn wir uns in die Kinderwelt hineinversetzen und die Erlebnisse der Kinder ernstnehmen, merken wir, daß Gewalt und Aggression eine große Herausforderung darstellen, sowohl für die Kindergärtnerin wie auch für die Kinder. Dies ist ein Problem, mit dem viele Kinder und Kindergärtnerinnen konfrontiert werden, auch wenn ahnungslose Außenstehende beim Anblick eines Grüppchens Kindergartenkinder in nostalgische Verzückung geraten.

In diesem Kapitel werden wir uns als erstes den Erscheinungsformen der Gewalt und Aggression im Kindergarten zuwenden, um anschließend die Stellung und Bedeutung der Kindergärtnerin zu betrachten. Schließlich werden die Reaktionsmöglichkeiten der Kindergärtnerin untersucht.

Das Erscheinungsbild der Gewalt und Aggression im Kindergarten unterscheidet sich von jenem in der Schule. Da die Kinder in einer anderen Entwicklungsphase sind, drücken sich Gewalt und Aggression anders aus. Im Gegensatz zur oberen Unterstufe und Mittelstufe sind es im Kindergarten eher einzelne Kinder, die durch gewalttätiges Verhalten auffallen. Während in der Schule oft eine Gruppe oder Clique Gewalt und Schrecken verbreitet, geht Gewalt im Kindergarten in der Regel von einem oder zwei Kindern aus. Der Junge, der einem Spielkameraden mit einem Holzklotz einen heftigen Schlag auf den Kopf versetzt, nachdem sie lange friedlich zusammen eine Garage gebaut haben, oder das Mädchen, das ein anderes die Treppe hinunterstößt, nachdem sie sie geneckt hat, sind typische Vorfälle im Kindergarten. Das aggressive Verhalten ist identifizierbar. Gewalt äußert sich in einzelnen Vorfällen oder Handlungen. Selten kommt es vor, daß eine Untergruppe der Kindergartenkinder gewalttätig wird oder der ganze Kindergarten sich zu Gewalt hinreißen läßt wie im Fall der Kindergärtnerin, die von einem Pantoffelhagel empfangen wurde, nachdem sie kurz das Zimmer verlassen hatte, oder dem Kindergartenmädchen, das eine kleine Bande kommandierte, die sich auf Diebstahl und Zerstörung von Spielsachen spezialisiert hatte. Im Gegensatz zur Schule, wo Gewalt rasch zum Gruppenproblem wird, sind es im Kindergarten einzelne Kinder, die gewalttätig werden.

Weiter fällt im Kindergarten die Unmittelbarkeit der Gewalt auf. Zwei Kinder spielen friedlich miteinander, doch im nächsten Augenblick steht das eine Kind schluchzend auf und klagt, das andere habe es »voll in den Magen« geschlagen. Gewalt im Kindergarten kennt kein Vorstadium, keine längere, knisternde Zeit, in der sich eine Spannung aufbaut, um sich schließlich zu entladen. Eine friedliche Stimmung schlägt ganz plötzlich in Gewalt um.

Viele Kindergartenkinder sind sich ihrer Handlung nicht bewußt. Es fehlt der Sinn für die Folgen des eigenen Tuns und das Schuldbewußtsein. Ein Junge schlägt ein Mädchen und drückt sie anschließend mit den Füßen auf den Boden. Die entsetzte Kindergärtnerin fährt ihn an: »Weißt du nicht, daß das weh tut?« Der Junge antwortet: »Nein, ich trage ja Turnschuhe!«

Oft wird auch die Gewaltaktion subjektiv durch eine Bagatelle legitimiert. Ein Mädchen zerkratzt einem anderen das Gesicht, weil es nicht auf sie gewartet hat. Viele Kinder realisieren nicht, daß ihre Reaktion unverhältnismäßig ist und daß eine Kopfnuß, ein Puff in den Magen oder ein Stockschlag beim anderen Schmerzen auslöst. »Sie hat blöd gekichert!« wird als legitimer Grund für einen Gewalteinsatz betrachtet, »sie soll nicht so schreien!«

Oft widerspricht das aggressive Verhalten den verbalen Äußerungen der Kinder. Im Gespräch sind sie alle gegen Gewalt – gegen andere Kinder setzen sie sie trotzdem ein. Aber eben, das ist etwas anderes: »Sie trägt blöde Lackschuhe.«

Im Gegensatz zum Lehrer in der Schule wird die Kindergärtnerin ins Geschehen mit einbezogen, die Auseinandersetzungen bleiben ihr nicht verborgen. Während die Kinder in der Schule oft aus Loyalität der eigenen Altersgruppe gegenüber schweigen, den Lehrer oder die Lehrerin nicht informieren, rennen Kindergartenkinder aufgeregt zur Kindergärtnerin: »Urs hat mich geschlagen!« – »Barbara hat mich gekniffen!« Kindergartenkinder verraten ihre Kameraden, suchen die Hilfe oder die Kooperation ihrer Erzieherin, teilen ihr die wüsten Vorfälle mit. Als Kindergärtnerin richtig zu reagieren ist nicht einfach. Da einzelne Kinder eine große Virtuosität im Klagen zeigen und auch bei kleineren Vorfällen lautstark das sofortige Einschreiten ihrer Kindergärtnerin fordern, muß sie abwägen, ob sie wirklich eingreifen oder die Konfliktregelung den Kindern selbst überlassen soll. Oft ist es so, daß das Wehklagen von selbst endet, wenn die Kinder merken, daß sie sich nicht bei jedem kleinsten Vorfall mobilisieren läßt.

Die Kindergärtnerin wird von den Kindern informiert, weil sie in den Augen der Kinder mitverantwortlich ist für Gewalt und Aggression im Kindergarten. Die Trennung zwischen Kinder- und Erwachsenenwelt ist noch nicht so scharf. Während in einer vierten Klasse Gewalt oft in der eigenen Subkultur ausgetragen wird und ein Kind, das den Lehrer informiert, als Verräter bezeichnet und abgelehnt wird, erwarten Kindergartenkinder von der Kindergärtnerin eine Reaktion. Wenn etwas passiert, braucht es eine Stellungnahme der Kindergärtnerin. Die Gewalt geschieht nicht einfach in einer eigenen Subwelt, sondern in einem gemeinsamen Lebensbereich. In dieser gemeinsamen Welt haben die Kinder an die Kindergärtnerin eine bestimmte Aufgabe delegiert: Sie muß die Trennlinie zwischen Gewalt und gesunder Aggression ziehen. Die Kinder wollen, daß sie eine Position bezieht. Nicht daß sie sich danach richten würden, doch dient sie ihnen als Orientierung bei der Suche nach der eigenen Einstellung. Die Kinder brauchen den Gegenpol, die Stellungnahme der Kindergärtnerin, wenn es um die Frage des Auslebens aggressiver Impulse und Phantasien geht. Sie wird zu einer moralischen Gruppeninstanz.

Die Kinder sollen lernen, selbst die Trennlinie zwischen Gewalt und gesunder Aggression zu ziehen. Mit Turtles-Figuren zu spielen ist harmlos, mit einem Stock in der Gegend herumzuknallen knapp akzeptabel, doch einen anderen an den Haaren reißen oder ihm den Stuhl wegziehen geht nicht. Der Entwicklungsstand der Kinder verlangt, daß die Kindergärtnerin Aussagen zur Gewalt macht, damit die Kinder ihrerseits Gewalt zu bewältigen lernen. Als Kindergärtnerin hat man mit der Übernahme eines Kindergartens auch die Aufgabe angetreten, Gewalt und Aggression zu definieren.

Den Einfluß der Kindergärtnerin merkt man, wenn man in die Gespräche, die Kinder unter sich führen, hineinhört. Sie äußern Sätze wie »Frau Lüssi findet auch...« oder »Brigitte will nicht...«. Wenn Kindergartenkinder untereinander reden, beziehen sie sich immer wieder auf ihre Kindergärtnerin. Bei Schulkindern beobachte ich dies weniger. Natürlich spielt auch dort die Position des Lehrers oder der Lehrerin eine eminent wichtige Rolle, doch wird es als jämmerlich betrachtet, sich in der eigenen Gruppe offen auf den Lehrer oder die Lehrerin zu beziehen.

Die Schwierigkeit besteht darin, daß die Stellungnahme den Kindern entsprechen muß. Die Kinder suchen eine Einstellung, die für sie psychologisch nachvollziehbar ist. Die Haltung der Kindergärtnerin muß auf die Welt der Kinder abgestimmt sein. Was sie sagt, muß sich nach dem richten, was für die Kinder akzeptabel ist und was ihrem Entwicklungsstand entspricht. Utopische oder radikale Vorstellungen haben keine große Chance, von den Kindern akzeptiert zu werden.

Die Gefahr einer Heile-Welt-Haltung

Bei der Erfüllung dieser Aufgabe gibt es verschiedene Möglichkeiten: Die Kindergärtnerin kann eine Heile-Welt-Haltung einnehmen, in der sie nicht unterscheidet zwischen Gewalt und Aggression, sondern alle aggressiven und gewaltähnlichen Handlungen ablehnt. Wenn ein Kind von ›He-Man‹ schwärmt oder zwei Jungen mit fingierten Pistolen ›High-Noon‹ in der Garderobe inszenieren, wird mit Empörung reagiert. Den Kindern wird bedeutet, daß man diese Spiele verabscheut: »Was ihr da tut, ist gräßlich!« Aggression wird mit Gewalt gleichgesetzt.

Das Problem ist, daß die Kinder bei einer solchen Haltung der Kindergärtnerin rasch das Gefühl bekommen, selber schrecklich zu sein. Wenn die Freude an aggressiven Spielen und Phantasien pathologisiert wird, fühlen sich die Kinder abartig, wenn sich in ihnen solche Gedanken regen. Sie haben bei eigenen Aggressionen das Gefühl, Verdammungswürdiges zu denken oder zu tun. Die Heile-Welt-Haltung der Kindergärtnerin will Aggression und Gewalt aus der Kinderwelt verbannen. Aggressive Phantasien, Aussprüche oder Geschichten werden mit Gewalttaten gleichgesetzt. Die Erwartung ist, daß die Kinder im Kindergarten ausschließlich friedlich und besonnen miteinander umgehen. Der Schatten des Menschen hat im Kindergarten keinen Platz, wie zum Beispiel bei der Kindergärtnerin, die verhindern wollte, daß ihre Kinder erfuhren, daß die Kindergartenkatze von einem Auto überfahren worden war. Das Schreckliche wird ausgegrenzt.

Eine solche Heile-Welt-Haltung bringt jedoch große psychologische Gefahren mit sich. Leider ist es nicht so, daß die Kinder diese Haltung eins zu eins imitieren, sondern daß die Aggression abgespalten wird. Die Kinder merken, daß Gewalt und Aggression für ihre Kindergärtnerin Komplexthemen sind, und schweigen. Sie registrieren die Haltung ihrer Kindergärtnerin, merken, daß sie bei einer Rauferei entsetzt reagiert und »Skeletor« abscheulich findet, und beginnen, ihre aggressiven Phantasien zu verbergen. Bravere Kinder passen sich vordergründig an die Kindergärtnerin an, da sie sie nicht verlieren wollen, doch in Wirklichkeit verbergen sie ihren Schatten. Sie spüren, daß sich ihre Kindergärtnerin an einer Heile-Welt-Phantasie orientiert, und fühlen sich in ihrer Faszination der

Gewalt alleingelassen. Der Dialog mit dem Schatten der Kinder ist abgebrochen. Freude an einem Panzerfahrzeug darf nicht gezeigt und das Knallen mit einer Pistole muß unterdrückt werden.

Die Heile-Welt-Reaktion kann sich hinter einer mentalen Externalisierung der Gewalt verbergen. Wenn es zu Gewalttätigkeiten im Kindergarten kommt, wird ein Ereignis in der Außenwelt, der Familie zum Beispiel, gesucht und als Ursache deklariert. Der aggressive Junge wird daheim sicherlich mißhandelt, das störrische Mädchen ist schlecht betreut oder schaut zu Hause brutale Videos an. Die Suche nach Ursachen und Hintergründen der Gewalt der Kinder ist eminent wichtig, doch darf damit nicht eine Auslagerung des Schattens verbunden sein. Wir müssen versuchen, familiäre Zusammenhänge zu erkennen, doch laufen wir damit gleichzeitig Gefahr, die Gewalt im Kindergarten, unter den Kindern und in uns selbst wegzuerklären. Durch diese Externalisierung vermindert sich auch die Chance, unseren eigenen Anteil an der Gewalt zu erkennen.

Interessanterweise reagieren viele Eltern bei Gewalt ähnlich. Auch sie externalisieren die Gewaltursache: Das eigene Kind ist natürlich nie für die Gewalt verantwortlich, sondern es sind der Einfluß der anderen, die Stimmung im Kindergarten, die anderen Kinder, ein »schwieriger Junge« in der Kindergruppe oder die Art der Kindergartenführung.

Wir müssen jedoch davon ausgehen, daß Aggression zur menschlichen Natur gehört. Freude an Zerstörung und Gewalt ist eine urmenschliche Eigenschaft. Nicht immer können äußere Ursachen – die Familie, die Umwelt – für die Aggressionsneigung eines Kindes verantwortlich gemacht werden. Natürlich versteckt sich hinter gewalttätigem Verhalten eines Kindes oft ein Hilfeschrei, doch vermischt er sich häufig mit einer genuinen Freude an Gewalt und Zerstörung. Wenn es zu Gewalttätigkeiten im Kindergarten kommt, gilt es, beide Ebenen zu berücksichtigen. Gewalt ist einerseits ein Hinweis auf eine Unstimmigkeit, ein Familienproblem oder eine nicht adäquate Lebenswelt, gleichzeitig aber auch ein Urfaszinosum. Die Heile-Welt-Reaktion führt zu einer fatalen Verdrängung dieser Urfreude an aggressiven Phantasien und Spielen und macht es für die Kinder schwierig, die notwendige Trennlinie zwischen Gewalt und Aggression zu ziehen. Der Schatten oder das Schreckliche im Menschen werden nicht thematisiert.

Paradoxerweise kann darum eine prononcierte Heile-Welt-Haltung auf Kinder aggressionsfördernd wirken. In einem Kindergarten wurde ein leicht fettleibiges Mädchen gemieden und während eines Ausflugs mit Tannenzapfen beworfen. Die Kindergärtnerin entschloß sich, mit allen Kindern zu sprechen. Fast eine ganze Stunde lang redete sie ihnen ins Gewissen und wollte von ihnen, daß sie von nun an alle nett zu diesem Mädchen seien. In der Garderobe hörte sie die Kinder anschließend skandieren: »Macht sie kaputt!« Diese Kinder fühlen sich innerlich verpflichtet, die andere Seite auszuleben. Sie wollen das Dunkle oder den Schatten in den Kindergarten oder in ihre Kinderwelt einbringen. Wenn die Kindergärtnerin dazu keine Möglichkeit gibt, verweigern sie sich oder bringen, wenn es gut geht, den Schatten auf andere Art und Weise ein, wie der Junge, der bei einer Frage, die man mit »eins« beantworten mußte, der Kindergärtnerin grinsend den mittleren Finger entgegenstreckte.

Das Gewaltmonopol der Kindergärtnerin

Wie soll man sich als Kindergärtnerin bei Gewaltvorfällen verhalten? Im Gegensatz zu Mittel- und Oberstufenlehrern und -lehrerinnen hat die Kindergärtnerin den Vorteil, daß das Gewaltmonopol fest in ihren Händen liegt. Die Machtstellung der Kindergärtnerin wird nicht angezweifelt. Aus der Sicht der Kinder verfügt die Kindergärtnerin über die notwendigen Mittel, um sich durchzusetzen. Sie imponiert durch ihre offensichtliche immense körperliche Überlegenheit. Allein das Wissen um diese Überlegenheit der Kindergärtnerin hemmt die Gewaltausbrüche unter Kindern: Das zweimal größere und viermal stärkere Wesen kann sie aufheben, kräftig durchschütteln, an den Haaren ziehen oder hinausstellen, Reaktionsweisen, die ein Oberstufenlehrer nicht zur Verfügung hat. Dank ihrer physischen Überlegenheit hat die Kindergärtnerin eine Sonderstellung. Auch wenn sie nicht davon Gebrauch macht, nehmen die Kinder ihre Kindergärtnerin so wahr. Sie kann zwei prügelnde Kinder auseinanderzerren oder ein aggressives Kind aus dem Zimmer stellen. Dank ihres Gewaltmonopols kann die Kindergärtnerin dezidierter reagieren als andere Lehrkräfte.

Selbstverständlich darf dieses Gewaltmonopol niemals zum Kern des pädagogischen Wirkens werden. Wir dürfen die Kinder nicht dazu zwingen mitzumachen, nur weil wir ihnen überlegen sind, doch psychologisch ist es für die Kinder von großer Bedeutung. Die Kinder glauben, daß die Kindergärtnerin die Gewalt innehat – auch wenn die Kindergärtnerin es subjektiv nicht so wahrnimmt.

Wenn im Kindergarten Grenzen überschritten werden, es zu unannehmbaren Vorfällen kommt, so droht aus der Sicht der Kinder die Gefahr, daß die Kindergärtnerin von ihrem Gewaltmonopol Gebrauch macht, eingreift. Dies spürt auch die Kindergärtnerin. Rasch kann es geschehen, daß die Hand ausrutscht, ein Kind an den Haaren gezogen wird oder ein anderes einen Klaps bekommt. Solche Fehltritte sind im Kindergarten wegen des Gewaltmonopols der Kindergärtnerin wahrscheinlicher als in der Schule, wo ein solcher Ausrutscher durch die antizipierten vehementen Reaktionen der Schüler oder Schülerinnen verhindert wird.

Aus der Sicht der Kinder bildet die Kindergärtnerin den Mittelpunkt des Kindergartens. Im Gegensatz zu gewissen Schulklassen, in denen der Lehrer oder die Lehrerin psychologisch gesehen eine marginale Gestalt ist und vor allem die Führer der eigenen Altersgruppe zählen, wird die Kindergärtnerin als psychologisches Zentrum wahrgenommen. Die Persönlichkeit der Kindergärtnerin wirkt sich unmittelbar auf die Atmosphäre im Kindergarten aus. Die Kinder richten sich nach den Stimmungen ihrer Kindergärtnerin aus. Sie spüren, wie es ihr geht, was in ihr vorgeht, und reagieren dementsprechend. Die Kindergärtnerin bietet sich als Zentrierungsobjekt an, über das die Kinder zu sich und den anderen Kindern finden. Oft stimmen sich die Kinder über ihre Kindergärtnerin in den Kindergarten ein. Die Kindergruppe wird zum Siegel der seelischen Verfassung der Kindergärtnerin. Diese Rolle der Kindergärtnerin macht ihren Alltag nicht einfach: Sie muß aus sich heraus Energien schöpfen, damit ein guter Kindergarten entsteht.

Was heißt das in bezug auf Gewalt? Die Art und Weise, wie eine Kindergärtnerin mit sich selbst umgeht, wie *sie* zur Gewalt steht, wirkt sich auf den Kindergarten aus. Innere Unstimmigkeiten, eigene Probleme oder Konflikte schaffen eine unruhige Atmosphäre. Die Kinder haben ein Sensorium für das, was in der Kindergärtnerin abläuft, und reagieren darauf: Sie werden wild und störrisch, zanken sich, streiten. Sie spüren, daß bei der Kindergärtnerin etwas nicht stimmt. Bei Gewalttätigkeiten im Kindergarten muß sich die Kindergärtnerin deshalb immer auch fragen: Was hat dies mit mir zu tun? Bin ich unruhig, unstet, in schlechter Verfassung? Es gilt, den Blick auch nach innen zu wenden, um den eigenen Anteil an der Gewalt der Kinder zu erkennen.

Fatal werden die inneren Unstimmigkeiten der Kindergärtnerin, wenn sie glaubt, ihre Gefühle überspielen zu müssen: Es geht mir gut! Ich bin nicht aggressiv, habe doch keine Probleme! Eine solche Haltung ist für die Kinder irritierend; sie versuchen dann, die Kindergärtnerin zu provozieren, benehmen sich miserabel, damit die unehrliche Fassade zusammenbricht. Wenn die Kindergärtnerin dann endlich herumschreit, wird dies als Erlösung empfunden: Endlich wird sie wütend, wir haben doch gewußt, daß sie schlecht gelaunt ist!

Unstimmigkeiten und versteckte Aggressionen der Kindergärtnerin sind für den Kindergarten eine Chance: Über die schlechte Laune der Kindergärtnerin können die Kinder ihren Schatten einbringen. Wenn die Kindergärtnerin nicht in Top-Verfassung ist und dies den Kindern gegenüber zugeben kann, können die Kinder zusammen mit ihr die schwierigen Seiten des menschlichen Seins thematisieren. Gewalt und Aggression werden so nicht ausgegrenzt und allein den Kindern überlassen, sondern zu einem gemeinsamen Thema.

Das Man-sollte-doch-Denken: beschränkte Verantwortung

Ein weiteres Problem, mit dem die Kinder in Kindergarten und Schule konfrontiert werden und das zum Ausbruch von Gewalt führen kann, sind ethnische Konflikte, Fremdenhaß, aber auch die Rivalitäten unter den verschiedenen nicht einheimischen Ethnien.

In einen Kindergarten trat ein türkisches Mädchen ein. Es sprach kaum Deutsch. Die Kindergärtnerin machte sich jedoch wegen der Integration keine großen Sorgen, da sie annahm, ein anderes, gut assimiliertes Türkenmädchen und ein türkischer Junge würden ihr dabei bestimmt helfen. Die Kindergärtnerin entschloß sich auch, ihr möglichstes zu tun, um den Kontakt unter diesen Kindern zu fördern. Was geschah? Das neue, jüngere türkische Mädchen wurde von den anderen Kindern ausgegrenzt, nach dem Kindergarten verfolgt und zwei- oder dreimal sogar verprügelt. Eine negative Dynamik entwickelte sich gegen die neu eingetretene Ausländerin.

Das Mädchen war völlig eingeschüchtert und weigerte sich schließlich sogar zu sprechen. Zwar zeigten sich die Kinder in Gesprächen einsichtig und versprachen, sich mehr um dieses Mädchen zu kümmern, doch die Vorsätze waren rasch vergessen. Ausländerhaß? Die Kindergärtnerin nahm das Verhalten der beiden anderen türkischen Kinder genauer unter die Lupe und entdeckte, daß sich diese beiden Türken nicht nur völlig unsolidarisch ihrer neu eingetretenen Landsmännin gegenüber verhielten, sondern die anderen Kinder systematisch anstachelten, gegen sie vorzugehen. Sie hetzten sie auf und beteiligten sich am Pöbeln und Verprügeln. Die Erklärung wurde schließlich gefunden: Das neu eingetretene Mädchen war eine Kurdin.

Ethnische Konflikte können sich immer wieder im Kindergarten manifestieren. Die Kinder inszenieren die Kämpfe, Rivalitäten und Feindschaften, die sie im Heimatland erlebten: Kroaten gegen Serben, Kurden gegen Türken oder sogar Kambodschaner gegen Vietnamesen. Sie tragen den Konflikt, den sie von ihrem Heimatland und ihren Eltern kennen, in den Kindergarten hinein. Die Kindergärtnerin erlebt den Konflikt indirekt mit und möchte natürlich ihr möglichstes tun, damit es besser wird.

Doch was kann sie tun? Viele Gedanken und Gefühle steigen auf. Logisch erscheint, das Problem bei der Ursache anzupacken. Die Anstrengungen sollten sich auf die Gründe konzentrieren. Dieses Man-sollte-doch-Denken ist, obwohl gut gemeint, auch gefährlich. Es zeigt sich nicht nur bei ethnischen Konflikten, sondern auch bei anderen identifizierten Ursachen der Aggression und Gewalt: *Man sollte* gewalttätige Videos verbieten, *man sollte* Eltern erzieherisch schulen, bevor sie Vater oder Mutter werden, *man sollte* Game-Boys verbieten etc. Wir stellen Forderungen an die Gesellschaft, die Politiker und schließlich die Welt an sich. Die großen Zusammenhänge zu sehen ist wichtig, die Gefahr dieses Denkens ist jedoch, daß wir uns aus unserer eigenen, persönlichen Verantwortung hinausstehlen. Wir erkennen, sehen und wissen alle Zusammenhänge, denken universell und vernetzt und vergessen, im kleinen Raum zu wirken, für den *wir* die Verantwortung tragen. Wir können die Probleme unserer Gesellschaft und der Welt nicht lösen, müssen jedoch vermeiden, aus dem Gefühl universeller Verantwortlichkeit heraus die Möglichkeit im eigenen Lebensraum zu übersehen.

Für die Kindergärtnerin heißt das, daß sie sich auf ihren Handlungsraum beschränken soll, auch wenn sie das Gefühl hat, die unzulänglichen Eltern seien eigentlich schuld, der Videokonsum verrohe das Kind oder ein ethnischer Konflikt sei im Spiel. Das vernetzte Denken ist wichtig, denn es erweitert den Horizont und sensibilisiert für Zusammenhänge, doch auf pädagogischer Ebene kann es zur Lähmung führen. Wir ziehen uns zurück, da wir die Probleme ohnehin nicht lösen können. Das Man-sollte-Denken kreiert ein Ohnmachtsgefühl. Wir resignieren und ziehen uns in die Privatheit zurück.

Wir sind als einzelne nicht für die ganze Welt verantwortlich. Wichtig ist jedoch, daß wir unsere beschränkte Verantwortung wahrnehmen, daß wir dort handeln, wo es uns möglich ist. Einerseits bei uns selbst, andererseits im kleinen Raum des Kindergartens. Hier gilt es zu handeln, auch wenn die grundlegenden Konflikte dadurch nicht gelöst werden und die Hintergründe sich unserer Einflußsphäre entziehen. Die Kindergärtnerin hat die Aufgabe zu reagieren, sich ihrer Arbeit hinzugeben, mitzuwirken, zu reden, ihre eigene Aggression zu reflektieren, im Wissen darum, daß sie im großen Raum wenig ausrichten kann, jedoch in ihrem Arbeitsbereich einen wertvollen Beitrag leistet. Die erwähnte Kindergärtnerin konnte natürlich die feindseligen Gefühle, die die Kinder der verschiedenen Ethnien mit sich herumtrugen, nicht zum Verschwinden bringen, doch gelang es ihr, im Gesamtkindergarten eine Atmosphäre zu schaffen, in der dieser Konflikt nicht immer wieder ausgetragen werden mußte und die anderen Kinder nicht angesteckt wurden.

Die Angst der Kinder und Jugendlichen

Angst gehört zu den existentiellen Erlebniskategorien, die wir als Menschen nicht umgehen können. Unsere Einstellung zu ihr ist jedoch zwiespältig. Bewußt versuchen wir meistens, ein angstfreies Leben zu führen, vermeiden Gefahren und Horrorszenarien, damit Angstgefühle gar nicht erst aufsteigen, gleichzeitig spüren wir aber eine unheimliche Faszination, die von ihr ausgeht. Ein Wonneschauer ergreift uns, wenn wir einen furchtbaren Krimi lesen oder einen schrecklichen Film sehen. Wir wollen Angst erleben, ohne wirklich bedroht zu werden. Diese Angstlust treibt Kinder dazu, mit Rollbrettern gefährliche Straßen hinunterzurasen, Bäume zu besteigen oder sich gegenseitig zu bedrohen. Vor allem Jungen suchen das Schauerliche, das sie belebt und die Sinne weckt. Während Angst eine anthropologische Konstante bleibt, verändern sich die Erscheinungsformen oder Angstauslöser: Als die ersten Eisenbahnen erschienen, reagierten viele Menschen mit panischer Angst beim Anblick dieser Ungetüme. Entsprechend diagnostizierten die Ärzte, daß Bahnfahrten schädlich für die Gesundheit seien. In den fünfziger Jahren war die Flugangst verbreitet. Bei jedem noch so kurzen Inlandflug übergaben sich ein oder zwei Passagiere. Heute ist die Flugangst beträchtlich zurückgegangen. Gegenwärtig ängstigen wir uns vor zu großer Strahlenbelastung, vor verstrahlter oder vergifteter Nahrung oder vor der Luftverschmutzung. Die Erscheinungsformen werden durch den Zeitgeist und aktuelle Ereignisse beeinflußt. Das Gesicht der Angst und ihre Ursachen sehen immer wieder anders aus. Bei der Angst handelt es sich um eine Herausforderung wie bei Sisyphos. So wie er den Stein immer wieder den Berg hinaufstoßen mußte, müssen wir uns der Angst immer wieder stellen, im Bewußtsein, daß wir sie nie ganz besiegen können.

In diesem Kapitel werden aktuelle Erscheinungsformen der Angst bei Kindern und Jugendlichen beschrieben und wird versucht, das Typische herauszuarbeiten; anschließend werden die Bewältigungsstrategien, die Kinder und Jugendliche mobilisieren, umrissen.

Beat ist ein aufgeweckter, intelligenter zehnjähriger Schüler. Der Übertritt von der Grundschule in die höhere Schule steht bevor. Die Lehrerin ist überzeugt, daß er problemlos die höhere Schule meistern wird. Übertrittsprobleme wird er sicherlich keine haben. Niemand zweifelt daran, daß Beat ein guter Schüler sein wird. Plötzlich verändert sich jedoch Beats Verhalten: In der Schule lassen seine Leistungen stark nach, seine Aufgaben erfüllt er nur noch widerwillig und meistens unsorgfältig, im Schulbetrieb macht er kaum mehr mit. Die Lehrerin und die Eltern sind erstaunt. Beat selber äußert vehement, daß er nicht in die höhere Schule eintreten möchte, sie sei nichts für ihn. Sein plötzlicher Verhaltens- und Meinungsumschwung gibt allen zu denken. Was ist mit ihm los?

Als Erziehungsberater versuche ich, über Gespräche, Zeichnungen und Verhaltensbeobachtungen zu ergründen, welches die seelischen Ursachen dieses Stimmungs- und Verhaltensumschwungs sein könnten. Was ist mit diesem Jungen geschehen? In seiner Umgebung sind keine Veränderungen erkennbar, seine Eltern kümmern sich liebevoll um ihn und unterstützen ihn. Was in dem Jungen vorgeht, bleibt ein Rätsel bis zur dritten Sitzung, wo er beim Abschied beiläufig erwähnt, daß er sein Fahrrad an der Maulbeerstraße abgestellt habe, gleich neben dem Hallenbad. Ob er gerne schwimme, frage ich ihn. Der Junge zögert und beginnt zu stocken. Ich werde stutzig. Schließlich beginnen wir ein Gespräch über Schwimmen und Schwimmunterricht. Ohne mir in die Augen zu blicken, gesteht er mir, daß er das Sprungbrett hasse. Er habe große Angst vor dem Dreimeter-Sprungbrett. Er wisse, daß man in der höheren Schule den Sprung vom Dreimeter-Brett verlange, denn er habe gesehen, wie der Schwimmlehrer Schüler dazu gezwungen habe. Diese Szene hat ihn beeindruckt. Es wird offensichtlich, daß Beat nicht in die höhere Schule will, weil ihm ein solcher Sprung Angst macht. Leistungsabfall und Stimmungsumschwung wurden durch die Vorstellung ausgelöst, aus dieser Höhe in die Tiefe springen zu müssen.

Das Verhalten von Beat ist für viele ältere Kinder oder Jugendliche typisch. Natürlich haben nicht alle vor dem Springen Angst, doch typisch ist, daß sie ihr privates Horrorszenario für sich behalten. Angst auszudrücken ist ihnen ebenso peinlich wie andere intime Gefühle, zum Beispiel die erste Liebe, körperliche Befürchtungen oder soziale Unsicherheiten. Wie könnte Beat auch zugeben, daß er bei der Vorstellung, von drei Metern Höhe springen zu müssen, zittert? Alle würden ihn auslachen – also schweigt er. Ein solches Verhalten beobachte ich auch bei offenen, extravertierten Kindern, die gegenüber der Lehrerin, dem Lehrer und den Eltern mitteilungswillig und affektiv zugänglich sind. Oft äußern solche Kinder auch Angstgefühle: Beat machte sich beispielsweise große Sorgen über das Waldsterben und den Krieg in Bosnien-Herzegowina. Scheinbar drückte er all seine Gefühle aus, in Wirklichkeit aber behielt er einen Teil seiner Ängste für sich.

Ältere Kinder passen sich mit ihren verbalisierten Angstgefühlen der Umgebung und den elterlichen Vorstellungen an. Das Beispiel von Beat ist typisch für viele Kinder. Diese Äußerungen decken sich oft nicht mit den Ängsten, von denen sie innerlich umgetrieben werden. Was sie mitteilen, spiegelt die Art und Weise, wie die Umgebung mit Ängsten umgeht, und nicht die Gefühle, die sie wirklich beschäftigen. Ihre ureigenen Ängste auszudrücken fällt diesen Kindern auch schwer, weil sie oft rational einsehen, daß sie eigentlich keine Angst haben sollten. Sie erkennen, daß ihre Angst grundlos ist – der Bauarbeiter auf dem Schulhausplatz wird sie nicht in der Grube versenken, oder der Arzt wird nicht »Rotze« entdecken, wenn man hinter dem Röntgenapparat steht –, doch das unangenehme Gefühl läßt sie nicht los. Auch Beat sieht ein, daß es lächerlich ist, sich vor dem Sprungbrettspringen zu fürchten, doch seine Angst bleibt. Kinder und Jugendliche werden durch solche heimlichen Ängste in ihrer Entwicklung gehemmt und unfähig, altersgemäße Herausforderungen anzunehmen. Sie blockieren sich innerlich.

Was von einem Kind subjektiv als Grund der Angst erlebt wird, hat vielleicht noch eine tiefere Bedeutung. Natürlich ist es nicht eigentlich das Springen, das Beat Angst macht, sondern unbewußt hat der Junge ein Bild ausgewählt, das ein existentielles Angstgefühl darstellt. Wir müssen unsere Sichtweise umkehren, die Angstreaktion von Beat nicht kausal, sondern final betrachten. Im Bild des Sprungbretts verdichten sich die Angstgefühle seiner Lebensphase. Die Furcht vor dem Springen ist nicht einfach die Ursache seiner Ängste und nicht der eigentliche Grund seines Leistungsabfalls in der Schule, sondern seine Seele hat sich das Sprungbrett ausgesucht, um ein Thema zu plazieren, das in seinem Alter wichtig ist. Er brauchte ein Bild, um einem existentiellen Gefühl Gestalt zu verleihen. Vielleicht hat Beat dieses Objekt gewählt, um seine Zukunftsängste auszudrücken. Das Erlebnis mit der Klasse kam ihm dabei entgegen. Als bald elfjähriger Junge, der sich vom Kind zum Jugendlichen entwickelt, fürchtet er sich vor dem, was auf ihn zukommt. Er hat Angst, die Erwartungen und Herausforderungen der Zukunft nicht zu meistern. Dieses Gefühl ist in ihm diffus vorhanden. Es sucht sich ein Objekt, um sich auszudrücken. Die Angst vor dem Sprungbrett ist also sowohl real als auch symbolisch aufzufassen. Der Sprung ins Leben, in die nächste Lebens- beziehungsweise Schulstufe macht angst.

Welches könnten die tieferen Hintergründe dieser Dynamik sein? Um diese Frage zu beantworten und um den Umgang damit zu beleuchten, hilft es uns, einen Blick auf außereuropäische Kulturen zu richten. Wie Van Gennep[13] und Joseph Campbell[14] beschreiben, werden in vielen Kulturen beim Übertritt von der Kindheit zur Jugend, von der Jugend zum Erwachsenenalter spezielle Übergangsriten vollzogen. Das Kind muß Prüfungen bestehen, um in die nächste Lebensphase zu kommen. So müssen zum Beispiel bei den Omaha-Indianern die Kinder sich mit vier Jahren einer speziellen Zeremonie unterziehen, die verdeutlicht, daß sie keine Kleinkinder mehr sind und nun Sandalen tragen dürfen. Bei dieser Zeremonie – »the turning of the child« – werden ihnen die Haare abgeschnitten, und sie werden aufgefordert, im Zeltlager auf einer geraden Linie von einem bestimmten Punkt zum anderen zu schreiten. Während sie ihre Schritte wagen, werden spezielle, nur für diese Zeremonie reservierte Lieder gesungen. Wie Alice Fletcher und Francis La Flesche[15] beschreiben, haben die Kinder große Angst vor diesem Ritual. Sie fürchten sich, sind nicht sicher, ob sie den Test bestehen. Weichen sie von der vorgeschriebenen Linie ab, so bedeutet dies ein schlimmes Omen.

Bei anderen, ähnlichen Zeremonien, diesen sogenannten Initiationsriten, müssen die Jungen Qualen durchleiden, bevor sie als Er-

[13] Van Gennep: Übergangsriten. Frankfurt/Main 1981.

[14] Joseph Campbell: The way of the animal powers. London: Harper & Row 1983.

[15] Alice Fletcher und Francis La Flesche: The Omaha Tribe. 2. Bde. Lincoln: University of Nebraska Press 1972.

wachsene betrachtet werden. Bei den Aborigines in Arnheim-Land im Norden Australiens müssen die Initianden stundenlang in der Sonne liegen, werden fast ausgetrocknet, bevor sie dann von den Geheimnissen des Stammes erfahren.

Auffallend ist, daß alle diese Initiationszeremonien mit Angst verbunden sind. Die Kinder fürchten sich und werden aufgefordert, ihre Angst zu überwinden.

In der versteckten Furcht Beats vor dem Sprungbrettspringen verbirgt sich eine existentielle Furcht vor der nächsten Lebensphase. In Ermangelung anderer, kultureller Zeremonien, die dieses Gefühl auffangen, hat sich Beat unbewußt einen Schauplatz gewählt, über den er eine private Initiation inszeniert. Das Sprungbrett wird für ihn zum Markstein, zum Widerstand, den er für seine Weiterentwicklung auswählt. Seine Sprungbrettangst deutet somit die Bereitschaft zum nächsten Entwicklungsschritt an. Er wählt sich unbewußt ein Angstszenario, um in die nächste Lebensphase zu treten. Der Leistungsabfall ist somit nicht einfach pathologisch, sondern im Zusammenhang mit seiner inneren Vorbereitung auf die Zukunft zu sehen.

Problematisch ist, daß sich das alles im Geheimen abspielt. Beats Angst wird nicht in einer Gemeinschaft aufgenommen und respektiert, sondern er muß sie für sich behalten. Aufgabe der Erziehung wäre es jedoch, Zeremonien zu entwickeln, die von diesen Angstgefühlen der Kinder ausgehen.

Hier stehen wir vor allem bei jüngeren Kindern vor einem Problem. Meist bleibt wenig Raum für eigene Angstszenarien, die persönliche Angst ausdrücken, da wir die Kinder auf unsere Ängste hin sozialisieren: den Verkehr, die Hygiene, Ängste vor konkreten Bedrohungen. Wenn wir sie bitten, sich dort zu ängstigen, wo reelle Gefahren herrschen, passen sie sich an unsere Angst an. Zeremonien jedoch, in denen Kinder mit eigenen Ängsten konfrontiert werden und sie in altersgemäße Bilder fassen können, fehlen. Wir kennen auch wenige Zeremonien, in denen Angstgefühle gemeinsam erlebt werden können. Die Angst als gemeinsames Erlebnis wurde, außer vielleicht noch beim Fernsehen, entsozialisiert. Mit der Idee der »angstfreien Kindheit« vermeiden wir gemeinsame Angsterlebnisse. Wir haben keine eigentlichen Zeremonien, durch die altersgemäße Ängste erlebt und überwunden werden können, sondern fordern von den Kindern, sich unseren Realitäten anzupassen. Die Folge ist, daß Kinder heimliche, versteckte Szenarien für ihre Gefühle suchen. Sie teilen ihre Ängste nicht mit, und damit besteht die Gefahr der Stagnation. Ein Konflikt wird verdrängt, eine Herausforderung nicht angenommen.

Der kontrollierte Schauer: Bewältigungsversuche der Kinder

Wie soll man auf die Ängste der Kinder reagieren? Wie können wir verhindern, daß es zu dieser Spaltung zwischen ausgedrückten Gefühlen und den wirklichen Ängsten kommt? Eine mögliche Antwort sind Rituale.

»Am Abend, wenn ich ins Bett ging, hatte ich oft fürchterliche Angst. Ich glaubte, jemand könnte von außen in mein Zimmer steigen und mich entführen. Ich habe dann jedoch eine gute Strategie gefunden: Bevor ich ins Bett ging, stellte ich immer kleine Plastiksoldaten vor mein Fenster. Sie standen dort mit ihren Gewehren und Panzern. Ich nahm eine Lampe und beleuchtete sie leicht. Wenn ich dann ins Bett stieg, stellte ich mir vor, wie sie mich beschützten. Auf diese Weise konnte ich ruhig einschlafen.«

Ein anderes Beispiel: »Ich konnte immer nur dann einschlafen, wenn mein Vater mir eine Geschichte erzählt hatte. Oft handelte es sich um furchterregende Geschichten. Am meisten gefiel mir das Kinderbuch über den Riesen Turramulli.[16] Nach dieser Horrorgeschichte lag ich noch eine Zeitlang im Bett, ging nochmals aufs Klo oder in die Küche, um ein Glas Wasser zu trinken, bevor ich mich endgültig zur Ruhe legen konnte.«

Solche Einschlafrituale sind bekannt. Es sind Formen, in denen Kinder selbst versuchen, ihrer Angstgefühle Herr zu werden. Sie entwickeln Handlungsabläufe, Rituale, die immer auf dieselbe Art und Weise ablaufen und Angstgefühle bannen, Handlungen, die vertraut werden und gleichzeitig ein leichtes Schauergefühl provozieren. Rituale erfinden Kinder selbständig, ohne die Mitwirkung von Eltern oder Erziehern, oder sie konstellieren sich in der Ausein-

[16] Percy Trezise und Dick Roughsey: Der Riese Turramulli. Ein Märchen australischer Aborigines. Aus dem Englischen von Annemarie Böll. Göttingen 1990.

andersetzung mit Mutter und Vater. Die Mutter, die ihrem Sohn jedesmal einen Apfel in den Kindergarten mitgibt, beteiligt sich damit an einem Ritual: Sie erleichtert dem Kind die Trennung von zu Hause.

Solche Rituale sind aus verschiedenen Gründen wichtig. Einmal holen sie die Ängste der Kinder in das Dasein herein. Das Schreckliche wird nicht verbannt, sondern findet in einem Handlungsablauf seinen Platz. Der Knabe, der Plastiksoldaten aufstellt, erlebt einerseits die Dimension des Schrecklichen, andererseits erprobt er eine Handlungsweise, die er bei Angst mobilisieren kann. Die Angst ist da, aber sie wird zur Ursache einer Gegenmaßnahme. Beim zweiten Beispiel besteht zudem die Chance, daß der Vater am Ritual teilnimmt. Das Kind erlebt Schauergefühle, wenn es die Geschichte hört, weiß sich jedoch nicht allein. Die Angstgefühle werden innerhalb der Beziehung zugelassen und haben außerdem ihren Platz in der »Horror«-Geschichte (es könnte auch ein Märchen sein); dies wirkt paradoxerweise beruhigend. Das gemeinsame Ritual verhindert, daß die Ängste hintergründig oder diffus auftauchen. Wichtig ist, daß der Vater die Angstgefühle mit seinem Kind teilt. Er läßt beim Geschichtenerzählen ein Quentchen Angst zu, um sie gemeinsam mit seinem Sohn zu bewältigen. Das Kind kann Ängste plazieren und durch den Vater lernen, wie man sich wieder von ihnen distanziert. Der gemeinsam erlebte Schauer hilft Ängste überwinden. Würde der Vater dem Kind vorgaukeln, es müsse keine Angst haben, so wäre dies Betrug. Es ist eine Illusion, zu glauben, daß Kinder angstfrei aufwachsen können. Der Angst begegnen sie als innere und äußere Gefahr. Wir können unseren Kindern auch den Schrekken der Welt nicht verheimlichen.

Anstatt eigene Angstgefühle zu verstecken und den Kindern vorzugaukeln, ein angstfreies Leben sei möglich, gilt es, sich mit dem Kind zusammen dieser Erlebnisdimension zu stellen. In der Erziehung braucht es schon sehr früh eine Konfrontation mit der Angst, damit es Bewältigungsformen finden lernt. Oft orientieren sich Mütter und Väter an einem sentimentalen Kindbild. Anstatt die Angst anzunehmen und zu versuchen, sie mit dem Kind zu teilen, bleibt der Blick auf die Ursachen fixiert: Das Kind kann nicht einschlafen, *weil* die Nachbarskatze überfahren wurde; die Tochter fürchtet sich vor der Schule, *weil* die bösen Jungen sie bedrohen. Angst als innere Realität wird nicht akzeptiert. Natürlich sind diese äußeren Gründe bei der Entstehung der Angst beteiligt, doch gilt es, Angst nicht nur über diese äußeren Ursachen abzuhandeln. Wenn ein Kind sich ängstigt, so soll die Angst nicht nur nicht abgewehrt werden, sondern auch Anlaß sein, gemeinsame Zeremonien zu entwickeln, die das Ich des Kindes stärken und ihm helfen, die eigene Auseinandersetzung mit Ängsten aufzunehmen.

Der ertränkte Wellensittich – neurotische Angstformen

Die bisherigen Ausführungen bezogen sich auf die normalen Ängste der Kinder. Auf den folgenden Seiten werden neurotische Angstentwicklungen beschrieben, Verhaltensweisen, hinter denen unverarbeitete Ängste vermutet werden.

Peter ist ein zehnjähriger Junge, der mit seiner Familie vom Seeland nach Bern gezogen ist. In der Schule benimmt er sich eigenbrötlerisch. Die Lehrerin beschreibt ihn als unzugänglich. Von den anderen Kindern wird er gemieden, oft sogar abgefangen und geschlagen. Er hat Mühe, Freunde zu finden. Zu Hause verhalte er sich eher passiv, meint die Mutter. Er könne an freien Nachmittagen nicht viel mit sich selbst anfangen, sitze vielmehr gelangweilt in seinem Zimmer. Sein einziges wirkliches Interesse gilt seinem Wellensittich. Er umsorgt dieses Geschenk seiner älteren Schwester liebevoll. Eines Morgens findet die Mutter den Wellensittich tot im Waschbecken im Zimmer der Jungen. Das Ereignis wühlt die Eltern auf. Was ist geschehen? Offensichtlich wurde der Wellensittich ertränkt. Es herrscht Ratlosigkeit. Könnte es Peter gewesen sein? Der Vorfall hat auch die ältere Schwester des Jungen aufgeschreckt. Irgend etwas stimmt mit ihm nicht. Die Tat, die Peter begangen haben muß, ist nicht nachvollziehbar. Wie ist es möglich, daß Peter sein Liebstes ertränkt?

In der Abklärung verhält sich Peter wortkarg. Meistens sitzt er nur da, blickt etwas apathisch im Zimmer umher und erledigt widerwillig seine Aufgaben. In der Schule verschlimmert sich sein Zustand. Alles scheint ihm egal zu sein. Zwischendurch hat er aggressive Ausfälle. Er zerstört seine Blei- und Farbstifte oder zerreißt unvermittelt seine Hefte. Da ich bei dem Jungen selbst nicht mehr weiterkomme, suche ich eine intensivere Zusammenarbeit mit der Mutter, dem Vater und der Schwester. Sie werden mit der Vermutung konfrontiert, daß der Junge innerlich schwer belastet sein könnte. Etwas beschäftigt ihn. Ein Erlebnis aus der Vergangenheit, ein Problem in der Schule oder ein unausgesprochener familiärer Konflikt?

Nach ein paar Gesprächen erfahre ich, daß die Wesensänderung vor einem Jahr, mit dem Umzug nach Bern begonnen hat: Früher sei er lebhafter gewesen, seitdem sie in Bern wohnten, verhalte er sich anders. Die Familie hat auch eine Erklärung parat, wieso sich Peters Verhalten verändert hat, nämlich den Umzug. Es sei doch klar, daß das Landleben schöner sei, beteuern sie alle einmütig. Peter sei eben ein Landkind. Diese Einstimmigkeit stimmt mich jedoch skeptisch. Das Landleben wird gepriesen wie das Paradies, während das Stadtleben fast des Teufels ist. Eine Bemerkung der Schwester hilft schließlich weiter: Beiläufig berichtet sie über einen Vorfall im Busdepot, ein bedeutungsloses Ereignis, wie sie im gleichen Atemzug meint. Der Junge wurde von einem Buschauffeur eingeladen, mit ihm den Bus ins Depot zu bringen. Peter sei an diesem Abend verstört nach Hause zurückgekehrt und habe sich in den folgenden Tagen mürrisch und still verhalten. Etwas mußte im Busdepot passiert sein. Später wurde der Mann wegen Verführung Minderjähriger verhaftet, und die Familie vermutete nun, daß auch bei Peter etwas Schlimmes vorgefallen sei.

Die Zeitungsmeldung von der Verhaftung hatte in der Familie wie eine Bombe eingeschlagen. Sicher hatte Peter ein schreckliches Erlebnis mit dem Chauffeur gehabt. Sowohl Vater wie Mutter vermuteten eine sexuelle Mißhandlung, sie wagten jedoch nicht, ihre Befürchtungen zu äußern oder den Jungen genauer zu fragen. Die gräßliche Befürchtung wurde tabuisiert, da ein solches Ereignis in dieser Familie nicht zugelassen werden konnte. Die Familie wäre destabilisiert worden. Natürlich spürte der Junge, daß ihm etwas Gräßliches vorgeworfen wurde. Über der ganzen Familie lag der Schatten der sexuellen Mißhandlung. Da die Familie weder über eine Sexualsprache verfügt noch eine einigermaßen offene Beziehung zur Sexualität herrscht, durfte über dieses Ereignis kein Wort verloren werden; es war zu scheußlich. Wurde die Mutter zu diesem Thema angesprochen, so reagierte sie nervös und konterte, all diese Geschichten von sexuellen Mißhandlungen würden von den Medien hochgespielt.

Es war nicht möglich herauszufinden, was sich im Busdepot wirklich ereignet hatte. Dies spielte jedoch psychologisch keine Rolle. Der vermeintliche oder wirkliche Vorfall im Busdepot hatte einen Familienkomplex getroffen: die Sexualität. Diese wurde aufgrund einer leicht pietistischen Haltung verdrängt. Sexuelles war unanständig. Auch wenn Peter unschuldig war, durch den Vorfall im Busdepot wurde er mit diesem Komplex identifiziert. Peter wurde der Träger der Familienschande. Die Familie delegierte einen eigenen Konflikt an ihn. Unbewußt betrachteten sie ihn, ihrer rigiden Einstellung gemäß, als schuldig, schmutzig. Die mögliche Mißhandlung hatte den Knaben in die Rolle des Tabubrechers versetzt. Peter spürte natürlich diese Dynamik und litt stark darunter. Diese nichtverbalisierten Vermutungen weckten in ihm Ängste. Da er gleichzeitig mit seinen eigenen Sexualphantasien zu kämpfen hatte, fühlte er sich schuldig. Wahrscheinlich regten sich in ihm suizidale Phantasien. In seiner Verzweiflung wählte er schließlich eine Ersatzhandlung, um den inneren Druck loszuwerden: Die Ertränkung des Wellensittichs war ein Versuch, den Vorwürfen zu begegnen. Anstatt sich selbst, hatte er stellvertretend den Wellensittich getötet, damit er von der Schuld befreit werde. Er hatte seiner Familie ein Opfer gebracht. Ob ein Mißbrauch im Busdepot stattgefunden hat, ist eigentlich irrelevant. Tatsache ist, daß die Befürchtungen der Eltern genügten, eine negative Familiendynamik auszulösen und Peter zutiefst zu belasten.

Was zeigt uns dieser Konflikt in bezug auf Kinderängste? Peter wurde seelisch überfordert. Er hatte ein familiäres Problem zu bewältigen. Durch den Vorfall im Busdepot wurde er mit der dämonischen Sexualität identifiziert. Die Ängste, unter denen er litt, wurden durch den diffusen Auftrag der Familie ausgelöst, das Unheimliche der Sexualität selber zu lösen. Peter wurde zu einer Bedrohung für die Familie.

Peters Verhalten ist typisch für eine Angstform, die bei Kindern zu beobachten ist. Es schwebt ein unausgesprochenes Thema in der Luft – eine Familienangst oder eine Angst in der Klasse. Das Kind spürt dies und ist beunruhigt. Es leidet, weil das Thema nicht ausgesprochen wird, wie bei dem Mädchen, das begann, seine Puppen zu beerdigen. Die erstaunte Mutter merkte jedoch, daß das achtjährige Mädchen ihre eigene Angst vor einem Herzinfarkt ihres Mannes aufgenommen hatte. Oft braucht es einen äußeren Anlaß, damit die

Angst manifest wird. Bei dem Jungen war es der Vorfall im Busdepot, bei dem Mädchen die Beerdigung eines Großonkels, die sie miterlebt hatte und die das makabre Spiel auslöste. Oft sind es die Kinder, die durch ein Erlebnis diese Ängste aktivieren.

Selbstaufgabe als Angstbewältigung

Eine andere Form negativer Angstbewältigung kann zu einer destruktiven Selbstentwicklung führen, dann nämlich, wenn eine unbewältigte Angst dem Kind a priori eine positive Identitätsfindung verunmöglicht.

Paola kam mit drei Jahren in die Schweiz. Sie wurde von Schweizer Eltern adoptiert, welche sich liebevoll um sie kümmerten. In der Grundschule zeigte Paola große künstlerische Begabung: Sie konnte wunderschön zeichnen. In der vierten Klasse begann eine innere Unruhe sie zu erfassen. Sie wurde rebellisch, gegenüber der Lehrerin frech und unnahbar. Zwischendurch verhielt sie sich freundlich und einigermaßen angepaßt. Das rebellische Verhalten steigerte sich und artete in der sechsten Klasse zu offener Aggression aus: Wenn ihr etwas nicht paßte, brach sie in wilde Beschimpfungen aus. Es kam zu Schulabsentismus, Herumstreunen und Von-zu-Hause-Wegbleiben. Von sich selbst sagte das Mädchen, sie sei vom Teufel besessen. Sie lehnte jede Hilfe ab. Ihr einziger Wunsch im Leben sei es, auf den Strich zu gehen. Sie wollte Prostituierte werden. Mit den jämmerlichen Helfern mit ihren »Hundeblicken« wollte sie nichts zu tun haben.

Nach Gesprächen mit ihr, ihren Eltern und ihren Lehrern zeigte sich, daß sie sich einen persönlichen Mythos konstruiert hatte. Eigentlich sei sie eine südamerikanische Vagabundin, meinte sie. Sie betrachtete sich als verloren, dem Unheil geweiht. Sie wurde durch die fixe Idee beherrscht, sie könne hier keine positive Identität entwickeln, es gebe keinen Platz für sie in unserer Gesellschaft. Letztlich bestimmten jedoch Ängste ihr Verhalten. Sie fürchtete sich vor Mißerfolg, hatte Angst, im Leben zu scheitern. Ein schlechtes Selbstwertgefühl hatte zudem zur Folge, daß sie sich nicht ihren Begabungen gemäß verwirklichte, sondern die Flucht nach vorne antrat. Sie gab sich selbst auf, um einem persönlichen Scheitern zuvorzukommen. So paradox es klingen mag: Sie bewältigte die Angst jedoch, indem sie sich ihren dunkelsten Phantasien hingab. Insgeheim fürchtete sie sich vor sich selbst und den Herausforderungen des Lebens, doch versuchte sie, diese Angst zu überwinden, indem sie die Katastrophe selbst inszenierte.

Paola setzte ihre aktuelle Situation mit ihrer Vergangenheit in Bezug. Sie glaubte, daß ihre ersten drei Lebensjahre und ihre Herkunft Grund ihrer Probleme seien. Ob sie ein Trauma erlebt hatte, ist nicht eruierbar. Sie entwickelte eine negative Identität. Aus Angst vor dem Leben orientierte sie sich an einem negativen Selbstbild. Indem sie sich als verloren ansah, gab sie sich den destruktiven Phantasien hin, vor denen sie sich eigentlich ängstigte. Sie inszenierte für sich eine destruktive Geschichte.

Solche selbstzerstörerischen Individuationen sind bei Jugendlichen leider häufig. Aus Angst vor dem Versagen, aber auch aus Protest oder wegen unverarbeiteter Konflikte ergeben sie sich der Faszination des Schrecklichen. Die Entwicklung geschieht nicht in Richtung Oberwelt, sondern führt spiralförmig in die dunkelsten Abgründe der Unterwelt. Allen Versuchungen, vor denen Eltern und Lehrer warnen, geben sie nach. Mit erschreckender Insistenz beharren sie darauf, das Schreckliche des Lebens zu erleben, auch wenn dabei die Gefahr der Selbstauflösung droht. Das Heil wird in der Drogenszene, in Verwahrlosung oder Gewaltexzessen gesucht, während der gesunde, normale Lebensweg als tödlich oder zumindest langweilig angesehen wird. In Los Angeles betonen Angehörige der Crips und Bloods, der zwei prominentesten Jugendbanden der Stadt, daß nur ein richtiger Mord das Leben sinnvoll mache.[17] In dieser perversen Subkultur wird der Mord zu einem Individuationsschritt, einer Möglichkeit der Selbstwerdung im Versuch, innere Trostlosigkeit zu überwinden. Als Kinder- und Jugendpsychologe ist es oft enorm schwierig, solche Jugendlichen zu beeinflussen, da sie von einer fast fanatischen Überzeugung getrieben werden, den einzigen möglichen Weg zu gehen. Aus Angst vor dem Leben vernichten sie sich selbst.

Für uns ist es wichtig, bei solchem Verhalten hellhörig zu sein. Destruktives Verhalten, Hyperaggressivität oder Resignation kön-

[17] Léon Bing: Do or Die. New York: Harper Collins 1991.

nen ein Warnsignal sein. Das Unbewußte schreibt an einem negativen Skript, über das die Angst bearbeitet wird. Als Kinderpsychologe, Kinderarzt, Erzieher oder Mutter und Vater braucht es große Sensibilität und Phantasie, um zu den seelischen Hintergründen zu gelangen. Was sich oberflächlich als Verhaltensstörung zeigt, kann sich als eine unbewußte Form der Angstbewältigung herausstellen.

Apfelböck oder die Lilie auf dem Felde

1
In mildem Lichte Jakob Apfelböck
Erschlug den Vater und die Mutter sein
Und schloß sie beide in den Wäscheschrank
Und blieb im Hause übrig, er allein.

2
Es schwammen Wolken unterm Himmel hin
Und um sein Haus ging mild der Sommerwind
Und in dem Hause saß er selber drin
Vor sieben Tagen war es noch ein Kind.

3
Die Tage gingen und die Nacht ging auch
Und nichts war anders außer mancherlei
Bei seinen Eltern Jakob Apfelböck
Wartete einfach, komme, was da sei.

4
Es bringt dic Milchfrau noch die Milch ins Haus
Gerahmte Buttermilch, süß, fett und kühl.
Was er nicht trinkt, das schüttet Jakob aus.
Denn Jakob Apfelböck trinkt nicht mehr viel.

5
Es bringt der Zeitungsmann die Zeitung noch
Mit schwerem Tritt ins Haus beim Abendlicht
Und wirft sie scheppernd in das Kastenloch
Doch Jakob Apfelböck, der liest sie nicht.

6
Und als die Leichen rochen durch das Haus
Da weinte Jakob und ward krank davon.
Und Jakob Apfelböck zog weinend aus
Und schlief von nun an nur auf dem Balkon.

7
Es sprach der Zeitungsmann, der täglich kam:
Was riecht hier so? Ich rieche doch Gestank.
In mildem Licht sprach Jakob Apfelböck:
Es ist die Wäsche in dem Wäscheschrank.

8
Es sprach die Milchfrau einst, die täglich kam:
Was riecht hier so? Es riecht, als wenn man stirbt!
In mildem Licht sprach Jakob Apfelböck:
Es ist das Kalbfleisch, das im Schrank verdirbt.

9
Und als sie einstens in den Schrank ihm sahn
Stand Jakob Apfelböck in mildem Licht
Und als sie fragten, warum er's getan
Sprach Jakob Apfelböck: Ich weiß es nicht.

10
Die Milchfrau aber sprach am Tag danach:
Ob wohl das Kind einmal, früh oder spät
Ob Jakob Apfelböck wohl einmal noch
Zum Grabe seiner armen Eltern geht?

Bertold Brecht, 1927

Der wilde Franz

Franz fing als Knabe Vögelein,
Erwürgte sie, und ihre Pein
War ihm Vergnügen. Jeder lief,
Wenn man: der wilde Franz kömmt! rief.

Kein Tier war vor ihm sicher. Er
Ging, wie ein Mörder, stets umher.
Nie sah man heiter seinen Blick.
Beging er nicht ein Bubenstück.

Als Knabe kühlt' er seine Wut
Nur in der armen Tiere Blut.
Doch jung gewohnt, ist alt getan,
Blutdürstig war er noch als Mann.

Wie einstens Tiere, mordet er
Nun Menschen. – Kinder, sehet her.
Dort glänzt beim falben Mondenlicht
Sein Schädel nun am Hochgericht.

Johann Michael Armbruster

Die Angst der Eltern vor ihren Kindern

Der Titel dieses Kapitels scheint ungeheuerlich. Angst vor den eigenen Kindern? Wir werden von verschiedenen persönlichen Ängsten geplagt: Angst vor Verkehrsunfällen, Angst vor Krankheiten, Angst, in einer Prüfung durchzufallen, Angst vor dem Tod. Wir fürchten uns vor Gefahren: Umweltkatastrophen, Verlust des Arbeitsplatzes. Des weiteren leiden wir unter diffusen Ängsten: In der Nacht können wir nicht einschlafen oder haben das Gefühl, nicht zu bestehen oder alles falsch zu machen. Angst ist ein Gefühl oder ein Affekt, den wir bestens kennen. Frauen versuchen eher, der Angst aus dem Weg zu gehen, Männer wollen sie beherrschen: Bergsteigen oder Bungy-Jumping läßt Angst erleben und gleichzeitig überwinden.

Wir kennen Ängste – doch müssen wir auch vor unseren Kindern Angst haben? Sind Kinder nicht diejenigen Menschen, die uns am nächsten sind? Die wir lieben und denen wir ein gutes Leben wünschen? Wenn wir auch vor unseren Kindern Angst haben müssen, dann stimmt die Welt nicht mehr. In normalen Beziehungen, bei normalen Verhältnissen – was immer das genau heißt – sollten wir doch keine Angst vor den eigenen Kindern haben. Die Beziehung muß zerrüttet sein wie bei dem Ehepaar, das am silbernen Hochzeitstag Polizeischutz aufbieten mußte, da der zwanzigjährige Sohn drohte, auf die Gäste zu schießen, falls sie eine Feier veranstalteten, oder bei dem Vater, der von seiner drogensüchtigen Tochter mit Hilfe von Kumpanen ausgeraubt wurde. In solchen Extremfällen ist Angst berechtigt, doch im Normalfall, wenn die Verhältnisse einigermaßen intakt sind, erscheint Angst unbegründet.

In diesem Kapitel wird nicht von solchen Extremfällen ausgegangen, sondern von regulären Beziehungen. Wir werden der Frage nachgehen, welche Bedeutung der Angst vor unseren Kindern zukommt und ob dieses Gefühl überhaupt berechtigt ist. Verhalten sich die Kinder heute so, daß wir uns vor ihnen ängstigen müssen? Wir werden sehen, daß Angst vor den eigenen Kindern eine wichtige Qualität in der Beziehung der Eltern und Lehrer zu ihren Kindern ist.

Doch woher kommt die Angst vor unseren Kindern? Wir haben

Angst vor unseren Kindern, weil Vorfälle, die sich in Kinder- und Jugendgruppen ereignen, an unsere Ohren dringen.

In einer Schule hatte sich ein eigenartiges Spiel entwickelt: »Containerle«. Ein Mädchen der fünften Klasse entdeckte dieses Spiel: Ein kleineres Kind wurde in einen Container gesteckt, und dann begann man, damit wild in der Gegend herumzufahren. Das eingeschlossene Kind schrie. Zwei Kinder warfen zudem brennende Zeitungen in den Container...

Hören wir von solchen Vorkommnissen, dann läuft es uns kalt den Rücken hinunter. Meistens wissen die Eltern und die Lehrer nichts von solchem Treiben. Die Kinder behalten es für sich. Sie stehen zu ihrer Altersgruppe. Was dort geschieht, ist nicht für die Ohren der Erwachsenen. Müssen wir vor unseren Kindern Angst haben?

Die Problematik der Eltern-Kind-Beziehung

Bevor wir auf diese Frage eingehen, müssen wir einige grundsätzliche Überlegungen zur Eltern-Kind-Beziehung anstellen. Eltern-Kind-Beziehungen sind nicht wie Ferienkontakte, bei denen wir über unsere Sonnenseiten miteinander kommunizieren und die euphorische Stimmung das Gegenüber rosarot färbt; die Eltern-Kind-Beziehung ist Schwerstarbeit. In ihr werden wir mit unseren Emotionen, Affekten und Komplexen konfrontiert. Die Beziehung Eltern-Kind ist von Natur aus problematisch und schwierig. Schon in der Bibel werden die Spannungen, Konflikte, Ängste und Ambivalenzen geschildert, die sich zwischen Eltern und Kindern ereignen: Abraham ist bereit, seinen Sohn für Gott zu opfern, Jakob betrügt seinen Vater Isaak, indem er dem blinden Vater gegenüber vorgibt, Esau zu sein, und Absalom schließlich, der dritte Sohn König Davids, organisiert gar einen Aufstand gegen seinen Vater. Die Väter in der Bibel müssen sich vor ihren Kindern fürchten und umgekehrt.

Bei Shakespeares ›King Lear‹ sind es die Töchter, die den Vater grausam behandeln. Nachdem er seinen zwei Töchtern Goneril und Regan sein Königreich geschenkt hat gegen das Versprechen, abwechselnd bei ihnen wohnen zu dürfen, wird er von ihnen verstoßen. Nur die jüngste Tochter, Cordelia, der der Vater nichts schenken wollte, nimmt sich schließlich des erblindeten Vaters an.

Die Eltern-Kind-Beziehungen stehen unter einer Doppelbelastung. Die Eltern bilden mit ihren Kindern eine psychologische und reale Lebenseinheit. Diese ermöglicht Geborgenheit, Vertrauen, ist aber auch mit großen Schwierigkeiten und psychologischen Herausforderungen verbunden. Eltern-Kind-Beziehungen sind schwierig, weil Eltern mit ihren Kindern seelisch verbunden sind. Die Familie bildet eine Gemeinschaft, die auf verschiedenen Ebenen, bewußt und unbewußt, miteinander verbunden ist. Dabei tragen die Familienmitglieder Themen miteinander aus, ohne daß es ihnen bewußt wird.

Die Vorstellung, daß die Familie eine intensive Lebensgemeinschaft ist, hat sich in den letzten Jahrzehnten verstärkt. Vater, Mutter und Kinder haben nicht mehr ihre traditionellen Rollen, in denen sie sich in eigenen Lebensbereichen bewegen, sondern die Lebensterritorien sind vermischt. Bei meinen Großeltern war es noch üblich, daß die Kinder in den Keller verschwinden mußten. Der Lärm und die Aufregung der Enkel war den Erwachsenen lästig und störte das Gespräch. Wir Kinder aßen auch selten am selben Tisch wie die Erwachsenen. Im Gegensatz zu der Erziehung vor dreißig oder mehr Jahren versuchen wir heute, mit den Kindern eine Lebens- und Erziehungsgemeinschaft zu bilden. Die Aufgabe des Vaters den Kindern gegenüber beschränkt sich nicht auf einen kurzen Gutenachtkuß, sondern viele Väter sind in der Familie integriert. Der Vater rennt dem kleinen Sohn nach, der sich weigert, ins Bett zu gehen, oder sucht nach dem Pingu, ohne den die Tochter nicht einschlafen will. Auch steht er in der Küche oder widmet sich während seiner Freizeit seinen Kindern. Natürlich kennen nicht alle Familien eine strikte Aufgabenteilung, doch gemäß dem aktuellen Credo hat sich der Mann an der Erziehung und am Haushalt zu beteiligen. Auch das Selbstverständnis der Mütter hat sich erweitert: Interessen und Aufgaben außer Haus sind wahrscheinlicher. Die Mutter muß nicht immer zu Hause verharren und sich in der Küche beschäftigen. Das Eßverhalten in der Familie hat sich ebenfalls verändert: Die Kinder essen mit den Erwachsenen zusammen.

Wir leben nicht nur mit den Kindern in enger Gemeinschaft, sondern wir wollen uns als Vater oder Mutter auch selbst der Erziehung unserer Kinder widmen! Diese wird nicht an Kindermädchen, an die Schule oder andere Außeninstanzen delegiert, sondern soll durch die Eltern selbst getragen werden. Deshalb denken Außenstellen bei kindlichem Fehlverhalten heute als erstes an die Eltern: Der Vater sollte doch..., wieso hat die Mutter nicht... An etlichen Schulen werden Elternabende großgeschrieben. Bei einer Familie mit drei oder vier Kindern ergeben die vielen Elternabende bald Terminprobleme. Auch hier hat sich die Einstellung geändert: Bis in die sechziger Jahre war es unüblich, daß die Eltern sich mit den Lehrern besprachen. Zum ersten Schultag wurden die Kinder allein geschickt.

Die Trennung zwischen Erwachsenen- und Kinderwelt innerhalb der Familie wurde aufgehoben. Die Familie ist nicht mehr ein Ort, an dem jeder in seinem wohlabgegrenzten Sektor lebt – die Mutter in der Küche, die Kinder in ihrem eigenen Zimmer, der Vater im Studierzimmer –, sondern die Territorien sind vermischt. Dies zeigt sich auch im Freizeitbereich. Kinder werden in der Freizeit weniger sich selbst überlassen, sondern die freie Zeit dient als Anlaß, mit den Kindern etwas zu unternehmen: einen gemeinsamen Radausflug, einen Schwimmbadbesuch oder gemeinsame Ferien.

Gegen diese Änderungen ist nichts einzuwenden, und der Leser wird diese neuen Familienformen wahrscheinlich auch begrüßen. Die Familie, in der die Eltern sich außer der Pflege nicht um die Kinder kümmerten, der Vater durch innere und äußere Abwesenheit glänzte und in der wohlhabendere Schichten ihre Kinder desinteressierten Kindermädchen übergaben, wünschen wir uns nicht zurück. Der Abschied davon fällt uns leicht. So positiv diese Entwicklung ist, hat sie doch gewisse Gefahren und zusätzliche Anforderungen mit sich gebracht, die wir nicht bedacht haben. Wenn wir mit unseren Kindern zusammenleben und sie gleichzeitig erziehen wollen, dann müssen wir mit der neuen, komplizierteren psychologischen Situation fertigwerden. Wir können die Kinder nicht mehr auf Distanz halten, uns den verschiedenen Seiten und Eigenschaften der Kinder verschließen, sondern wir werden mit allen Persönlichkeitsaspekten konfrontiert.

Ein Vater geht mit seinen zwei Söhnen zum Kinderumzug des Sechseläutens eines Zürcher Frühlingsfests. Sie haben die prächtig geschmückten Wagen bewundert und die Kostüme bestaunt, die auf der Straße vorbeizogen. Zufrieden spaziert er mit seinen Söhnen zur Straßenbahnhaltestelle. Plötzlich reißen sich die acht- und zehnjährigen Jungen los und rennen zum anderen Ende der Haltestelle. Die beiden sind außer sich und schreien: »Geil!« Sie haben diverse Maschinengewehre, Spielzeuggranaten und Militärflugzeuge entdeckt und zerren nun an den Plastiksäcken mit dem Kriegsspielzeug. Sie gestikulieren und verlangen von ihrem Vater, daß er ihnen wenigstens ein Set kauft. Das Sechseläuten, der wunderbare Umzug, ist vergessen. Entsetzt will sich der Vater abwenden. Er ist sichtlich degoutiert und will nichts vom Interesse seiner Kinder wissen. Er versucht sie wegzuziehen, woraufhin ein Geschrei ausbricht. Dem Vater werden haßerfüllte Blicke zugeworfen. Die harmonische Stimmung ist verflogen, eine Kluft hat sich aufgetan, dem Vater sind seine Söhne fremd geworden. Er ist verärgert.

Der Vater hat sich auf eine Beziehung mit seinen Kindern eingelassen und muß erleben, daß sie Interessen entwickeln, die er ablehnt. Er wird mit allen Facetten ihrer Persönlichkeit konfrontiert. Die Lebensgemeinschaft mit den Kindern hat zur Folge, daß er sowohl die Sonnen- wie auch die Schattenseiten seiner Kinder kennenlernt. Es fällt ihm schwer, kühl zu bleiben, weil er affektiv mit seinen Kindern verbunden ist.

Eine Beziehung einzugehen ist jedoch immer gefährlich. Tiefere menschliche Beziehungen sind meistens von starken Ambivalenzen geprägt. Wenn wir uns wirklich mit einem Gegenüber auseinandersetzen und zudem – wie in der Familie – seelisch miteinander verbunden sind, so zerbröckelt die Fassade der Wohlanständigkeit. Es treten die verschiedenartigsten Gefühle auf. Einerseits zeigen sich großartige Qualitäten, andererseits öffnen sich auch die Abgründe der menschlichen Seele. Liebe und Haß brechen hervor, Gewalt, Aggression, Wut, Verzweiflung, aber auch Freude, Verbundenheit. Die Gewalttätigkeit, das Mörderische in uns zeigen sich, wie auch unsere Fähigkeit zu Toleranz und Liebe. Diese Gefühle zeigen auch die Kinder. Nur von ihren Eltern distanzierte Kinder sagen immer schön brav, wie lieb und nett Mami und Papi sind; Kinder, die wirklich mit ihren Eltern verbunden sind, verfluchen die lieben Eltern zwischendurch. Sie sind wütend auf sie und wünschen sie ins Pfefferland.

Auch die Eltern haben ihren Kindern gegenüber ambivalente Gefühle. Junge Mütter gestehen oft beschämt oder beunruhigt, daß sich in ihnen aggressive Phantasien regen: Sie wollen den schreienden Säugling aus dem Fenster werfen oder spüren Schadenfreude, wenn dem eigenen Sohn etwas mißlingt. Sowohl Kinder wie auch Eltern werden von Vorstellungen bedrängt, die aggressiv oder gar bösartig sein können. Eltern unterdrücken oft solche Gedanken rasch, und der Impuls wird abgewehrt: Das Fenster wird zweimal kontrolliert, bevor wir das Kinderzimmer verlassen. Tatsache ist jedoch, daß solche Gedanken und Phantasien regelmäßig auftauchen und sowohl Eltern wie auch Kinder innerlich beunruhigen. Das Verhältnis Eltern-Kind ist von den verschiedensten Gefühlen geprägt.

Spannungen und Streit: die Realität der Familie

Diese psychologische Realität widerspricht dem Familienbild, das uns als Ideal vorschwebt. Wenn die harmonische, sich selbst genügende Familie das ausschließliche Leitbild ist, dann verdrängen wir einen großen Teil der Gefühle und Affekte, die in einer Familie auch auftauchen. Deklarieren wir die Familie als Hort des Glücks und der Zufriedenheit, dann wird es für die Familienmitglieder schwierig, es in dieser Gemeinschaft auszuhalten. Wohin mit den Dämonen? Es ist unmöglich, dem Familienbild, das in der Werbung dargestellt wird oder auf Familien in der Nachbarschaft projiziert wird, nachzuleben. Die Familienidylle, bei der alles schön und rund läuft, gibt es nicht. Dieses Familienbild, das die Ambivalenzen ausklammert, führt zu falschen Erwartungen der Familienmitglieder sich selbst und der Eltern den Kindern gegenüber. Die Familie garantiert nicht Zufriedenheit, und die Beziehungen zwischen den Familienmitgliedern sind nicht befreit von den häßlichen Seiten der menschlichen Persönlichkeit. Die Familie ist eine spannungsreiche, fordernde Gemeinschaft, ein Wagnis. Wie sich eine Familie entwickelt, wissen wir bei der Familiengründung nie. Das Bild der harmonischen Familie lastet jedoch auf uns und macht es uns schwer, den Alltag zu ertragen.

Die Angst der Familienmitglieder untereinander ist also berechtigt. Wenn die Familienmitglieder wirklich in Beziehung zueinander stehen, so müssen auch Gefühle der Bedrohung aufkommen. Unsere Kinder lösen immer wieder neue Ängste in uns aus.

Die Kinder konfrontieren die Eltern mit Themen, die diesen unbekannt sind, mit Freizeitaktivitäten, deren Bedeutung sie nicht verstehen oder deren Tragweite sie schlecht abschätzen können. Wenn die zwölfjährige Tochter unbedingt das Konzert von Guns n'Roses mit einer Gruppe von Freunden besuchen will, so werden die Eltern es vielleicht wohlwollend erlauben. Sie werden an frühere Zeiten erinnert: die großartigen Konzerte der Rolling Stones, der Who, der Kinks oder von Jimmy Hendrix. Wie steht es jedoch mit Game-Boy, Videospielen, »Future-Land«? Können wir unseren Kindern erlauben, in die Welt der virtuellen Kampfspiele einzutauchen? Kinder wachsen mit Spielen auf, die den Eltern völlig unbekannt sind. Oft bleiben sie bei strahlendem Sommerwetter zu Hause und starren auf den Bildschirm: Ein Computerspiel hat sie gepackt. Kinder werden von Außengruppen beeinflußt, den Toys, Homies, Fly-Girls etc. Eine Mutter findet im Zimmer ihres vierzehnjährigen Sohnes einen Ninja-Stern. »Nur von einem Kumpel zur Aufbewahrung bekommen!« lautet die Erklärung. Mit anderen Worten: Wir werden mit Herausforderungen konfrontiert, die wir schwer beurteilen können. Freizeitbeschäftigungen tauchen auf, die uns unbekannt sind und von denen wir nicht recht wissen, ob sie verrohend wirken. Einerseits möchten wir natürlich nicht die Augen vor neuen gesellschaftlichen Tendenzen verschließen, andererseits haben wir Angst um unsere Kinder.

Oder die Kleidung: Heute kaufen die meisten Kinder ihre Kleider selbst. Im besten Fall haben der Vater oder die Mutter ein Mitspracherecht. Viele bestimmen bereits vom Kindergarten an ihre Kleidung. Ob eine Ramblers-Baseballmütze, völlig schwarze Kleidung oder ein übergroßes T-Shirt: Die Kinder haben genaue Vorstellungen davon, was getragen werden soll und wo man die Kleidung kauft. Vater oder Mutter dürfen jedoch als großzügige Zahler weiterhin diskret im Hintergrund wirken.

Die Sprache bereitet Sorge. Wir glauben, eine Verrohung der Sprache zu diagnostizieren. Natürlich ist man in der Regel tolerant, doch was tun, wenn die eigenen Kinder nur noch von »geil«, »megageil« und »ficken« sprechen? Die eigene Toleranz schmilzt, wir schrecken auf, fühlen uns alt, überlegen, welche Schritte gegen diesen Sprachverfall unternommen werden sollen. Oft bemerken wir den rauhen Umgangston unserer Kinder erst, wenn wir sie zusammen mit anderen Kindern hören.

All diese Beobachtungen lassen in uns Befürchtungen aufkommen. Stimmt das mit der »schlimmen Jugend«? Vielleicht ist es nicht nur die verzerrte Optik der Erwachsenen, die Gefahren dramatisiert, sondern die Kinder drohen heute tatsächlich zu verwahrlosen? Schon andere Kulturen sind untergegangen, und so ist es denkbar, daß wir wegen der aktuellen Verführungen durch Drogen und Alkohol und wegen der Beeinflussungen durch Video, Fernsehen und Kino tatsächlich vor unseren Kindern Angst haben müssen.

Wo Intimität und Nähe herrschen, wo wir versuchen zu lieben, da konstelliert sich auch das Gegenteil. Es kommt zu Streitigkeiten und Zusammenstößen. Die negativen Gefühle brechen zusammen mit den positiven hervor.

Was heißt das für unsere Ausgangsfrage? Wie sollen sich Vater oder Mutter diesen Herausforderungen gegenüber verhalten? Wegen der grundsätzlichen Ambivalenz und der Tatsache, daß die nachfolgende Generation Tendenzen und Themen verkörpert, die unbekannt sind, kommt es zwischen Eltern und Kindern immer wieder zu Entfremdungen. Wir verstehen unsere Kinder immer nur zum Teil, sind oft von ihrer Lebenswelt ausgegrenzt und nicht fähig, ihre Moden zu begreifen.

Als Vater oder Mutter hat man dadurch oft das Gefühl des Scheiterns. Die Kinder gehen andere Wege, als wir ihnen empfehlen. Die Auswirkungen der eigenen erzieherischen Anstrengungen können wir nicht erkennen.

Vater und Mutter als Archetyp

Um die Bedeutung und Rolle der Eltern-Kind-Beziehung zu verstehen, müssen wir einen Schritt zurücktreten. Wir müssen uns von außen betrachten und die tiefere Bedeutung der Familie reflektieren. Das Verhältnis Eltern-Kind ist nicht nur ein persönliches, sondern enthält auch eine archetypische Komponente. Damit ist gemeint, daß sich Probleme zwischen Eltern und Kind nicht immer wegen des Charakters der betreffenden Mutter, der Art des Vaters oder der Geschichte des Kindes ergeben, sondern zum Teil Dramen inszeniert werden, die einem tieferen Bedürfnis entspringen. Die

Eltern-Kind-Beziehung repräsentiert ein Urmuster, das als Verhaltensmöglichkeit in uns bereitliegt. Was in einer Familie geschieht, wird nicht nur erlernt, sondern das Kind und die Eltern folgen auch Pfaden, die in unserem Unbewußten vorgegeben sind. Wir begegnen unseren Kindern nicht nur mit unserer persönlichen Psychologie, sondern archetypische Kräfte moderieren unsere Reaktionen. Nicht nur der Mensch wird im Vater oder in der Mutter gesucht, sondern auch der Vater oder die Mutter *an sich*, eine unpersönliche Größe.

Einerseits zeigt sich dies darin, daß wir wie alle Eltern die Kinder beschützen, pflegen, behüten wollen, andererseits aber eben auch in unseren Ängsten oder in der Tatsache, daß die meisten Kinder im Vater nicht einfach einen Freund suchen, sondern *den* Vater haben wollen, so wie sie sich in der Schule im Lehrer nicht den Freund wünschen, sondern *den* Lehrer.

Aus archetypischer Perspektive vertreten Vater und Mutter einen Gegenpol. Während Kinder für Wandel, Neugier, Naivität und Wagemut stehen, fällt den Eltern die Position der Beständigkeit, des Schutzes, der Sturheit und der Warner zu. Wohlverstanden: In ihrer persönlichen Haltung können Eltern offen, progressiv und neugierig sein, die tiefere archetypische Rolle, die sie innehaben, verlangt jedoch etwas anderes. Sie verdammt die Eltern dazu, konservative Werte zu verteidigen, »von gestern« zu sein, völlig unabhängig davon, was die Eltern wirklich leben und welche Haltung sie konkret einnehmen. Von ihrer archetypischen Bedeutung her können Eltern nicht progressiv sein, nicht mit dem Zeitgeist mitmachen. Das archetypische Spiel verlangt, daß die Eltern Werte, Ideen und die Haltung der Vergangenheit vertreten. Was sie sagen, muß »out« sein, damit die Kinder ihre Positionen finden und das Gefühl haben, die Welt selbst neu zu entdecken. Die Kinder brauchen den besorgten Vater, der findet, daß das, was sein Sohn tut, »völlig daneben« ist, ebenso wie die enragierte Mutter, die ihrem Kind wütend eine Spielzeugpistole entreißt.

Damit die Kinder sich in die Welt einbringen, naiv sein und sich verantwortungslos verhalten können, müssen die Eltern veraltete Positionen vertreten. Der elterliche sorgenvolle Blick gibt den Kindern den nötigen Freiraum, den sie brauchen, um mit sich selbst und dem Leben zu experimentieren. Vater und Mutter müssen den orientierenden Gegenpol markieren, damit sie in Sicherheit rebellieren und betont andere Meinungen vertreten können. Aus archetypischer Sicht sind Eltern und Kinder Spieler in einem Drama, dessen Dynamik und Positionen festgelegt sind, das jedoch immer wieder mit neuen Inhalten gefüllt wird. Ein Drama, das sich mit jeder Generation wiederholt. Aus diesem Grund sind nicht die Inhalte in der Erziehung entscheidend, sondern die Haltung, mit der sie vertreten werden.

Im Rahmen dieses Verhältnisses sind auch die Ängste zu sehen. Die Eltern tragen zum Teil die existentiellen Befürchtungen und Ängste ihrer Kinder. Die Kinder delegieren Ängste an ihre Eltern, damit sie sich freier entwickeln können. Ein dreizehnjähriger Junge erzählte mir, daß er, wenn es in der Schule nicht so gut ging, den Eltern ankündigte, er werde wahrscheinlich einer mißlungenen Arbeit wegen aus dem Gymnasium fliegen. Die Eltern waren natürlich jedesmal aufgebracht und voller Sorge. Der Junge selbst konnte dagegen getrost seinen Freizeitaktivitäten nachgehen: Seine Sorgen und Ängste hatte er bei Mama und Papa deponiert.

Wegen dieser archetypischen Rolle der Eltern ist es ihre Aufgabe, sich zu ängstigen. Als Vater oder Mutter muß man vor den eigenen Kindern Angst haben: Einerseits müssen wir fürchten, daß sie durch schlechte Kreise beeinflußt werden, andererseits müssen wir uns immer wieder von unseren Kindern verunsichern lassen und um sie bangen bei ihren für uns oft unheimlichen Unternehmungen. Die archetypische Rolle als Vater oder Mutter will es so.

Im Rahmen dieser Beziehung tragen die Eltern einen Teil des Schattens. Sie übernehmen die Sorge für das Unheimliche auf der Welt. Kinder haben zwar den Eindruck, Vater und Mutter seien altmodisch, übervorsichtig und sähen überall schwarz, auf einer tieferen Ebene sind sie aber froh, daß Mutter und Vater diese Aufgabe übernehmen. Wenn Eltern dieser Aufgabe nicht nachkommen, fühlen sich Kinder oft verloren. Es fehlt die Wand, von der sie abstoßen und das Lebensruder zur Hand nehmen können. Da wir den Gegenpol bilden, müssen wir uns immer wieder vor unseren Kindern und um unsere Kinder ängstigen.

Ein Teil der Gewalttätigkeit der Kinder in der Schule ist darauf zurückzuführen, daß die Schulen und die Lehrer diese Rolle nicht mehr einnehmen. Lehrer, die immer nur den Konsens suchen, jede Maßnahme mit den Schülern absprechen wollen, versagen den Schülern die Möglichkeit, wirklich gegen etwas zu sein. Als Folge davon kann die Gewalttätigkeit eskalieren, bis die ersehnte Gegenreaktion erfolgt. Die Eltern haben die Aufgabe, den Gegenpol zu bilden, damit das Kind seine Ängste, Befürchtungen und seine Vorsicht delegieren kann. Es braucht den Vater, der besorgt die Augenbrauen hochzieht, wenn die Tochter erzählt, sie sei bei der Kirchweih gewesen, oder die Mutter, die vehement darauf drängt, daß der Sohn um neun zu Hause ist. Nur wenn die Eltern vor ihren Kindern und ihrer Entwicklung Angst haben, haben die Kinder den nötigen Schutz für ihre Entfaltung. Die Angst der Eltern gibt den Kindern einen Freiraum, in dem sie etwas wagen und sich austoben können.

Die Faszination der Waffen

Eine weitere Herausforderung, der sich Lehrer, Lehrerinnen und Eltern stellen müssen, sind die Waffen. In manchen Schulen erscheinen die Schüler mit Springmessern, Fallmessern, Schmetterlingmessern, Ninja-Wurfsternen, Baseballschlägern, Schlagstöcken und hie und da sogar mit Pistolen.

In einer Schule eines Berner Vororts trafen sich zwei Jungen auf der Schulwiese zu einer Abrechnung. Beide trugen einen Baseballschläger bei sich. Die Auseinandersetzung war kurz; bald lagen beide verletzt am Boden. Beide hatten einen Schlag auf den Hinterkopf erhalten. Gemäß Arztbericht kam der eine Junge knapp mit dem Leben davon. Wäre der Schlag ein bißchen höher erfolgt, hätte er tödliche Folgen gehabt.

Die Bewaffnung in den Schulen erfolgt meist schleichend. Eine bestimmte Waffe beginnt die Faszination der Kinder auf sich zu ziehen. Vor allem die Jungen setzen dann viel daran, die entsprechende Waffe auch zu besitzen. In einer Schule wurden Wurfsterne Mode. Es begann damit, daß ein Junge mit einer solchen Waffe erschien. Wie ein Lauffeuer verbreitete es sich in der ganzen Schule, daß ein Mitschüler diesen Stern bei sich trage und andere Kinder damit bedrohe. Der Junge war jedoch bald nicht mehr der einzige. Eine Woche später führten auch andere Jungen diese Waffe bei sich. Um ein »rechter« Junge zu sein, mußte man sie haben.

Mcist ist die Herkunft der Waffen mysteriös. »Der Vater eines Freundes hat dieses Stellmesser in Spanien gekauft und mir gegeben!« antwortete ein zwölfjähriger Jugendlicher, als ich ihn fragte, woher er das Messer habe. Diverse Kanäle werden benützt. Verbreitet sich in einem Schulareal oder Viertel eine bestimmte Waffe, so entwickeln die Kinder eine unglaubliche Fähigkeit, sich diese auch zu organisieren. Da sie den Druck ihrer Altersgenossen spüren, suchen sie verzweifelt nach Mitteln und Wegen, sich auch ein Stanley-Knife oder einen Schlagstock zu beschaffen.

Waffen erhöhen das Prestige in der Bande. Durch die Präsenz von

Waffen auf dem Schulhof steigert sich jedoch die Gefahr von Verletzungen bei tätlichen Auseinandersetzungen.

»Als ich in der Schule war, stieß ich ein Messer in die Brust eines anderen Jungen. Gott sei Dank traf ich ihn jedoch beim Sternum, dem Knochen, der die Brust schützt. Das Messer drang nur bis zum Knochen. Überall war Blut, doch mein Schulkamerad war nicht gravierend verletzt. Ich stieß das Messer in seine Brust, weil ich eben ein Messer besaß. Ich haßte ihn nicht, hatte auch keinen ernsthaften Streit mit ihm. Ich entstamme einer stabilen glücklichen Familie... und wurde auch von niemandem bedroht. Ich war verliebt in mein Messer. Es stammte aus Nordafrika und hatte einen grünen Handgriff. Es gehörte der Tante eines Freundes. Sie hatte es von Marokko nach Hause gebracht« (Erinnerungen des englischen Journalisten Neal Ascherson).[18]

Ethnische Durchmischung als Gefahr

Noch problematischer wird das Tragen von Waffen, wenn unter den Schülern und Schülerinnen verschiedene Vorstellungen über deren Einsatz und Bedeutung herrschen. Die Kindergruppen orientieren sich an eigenen Richtlinien. Diese werden jedoch stark von ihrem kulturellen Hintergrund beeinflußt. Welche Bedeutung eine bestimmte Waffe hat, wer sie trägt und wie sie gebraucht werden soll, richtet sich nach den Vorstellungen, die die eigene Ethnie entwickelte. Jede Volksgruppe oder Religion vertritt Leitbilder, was erlaubt und was verboten ist. Diese unbewußten, von der entsprechenden Gesellschaft oder Gruppe vertretenen Normen können sich widersprechen.

Ein albanisches Kind erschien mit einer Pistole in der Schule. Wild fuchtelte es während der Pause damit herum und zielte auf seine Klassenkameraden. Angst und Schrecken verbreiteten sich auf dem Pausenhof. Der Lehrer nahm dem Jungen die Waffe ab und sprach mit dem Vater, wies ihn auf das Verhalten seines Sohnes hin. Entrüstet wies der Vater die Vorwürfe von sich. Seinem Sohn die Pi-

[18] In: ›The Independent‹ vom 28. Februar 1993.

stole wegzunehmen käme einer Entmannung gleich! In seinem Heimatland sei es absolut üblich, daß Jungen ab einem bestimmten Alter Pistolen tragen.

Vermischen sich die Kulturen, so prallen verschiedene Umgangsformen aufeinander. Während es in dem einen Land üblich ist, daß jeder Junge ein Messer bei sich hat, dürfen in einer anderen Kultur höchstens Wasserpistolen benützt werden. In nordischen Ländern war früher jedes Messertragen verpönt, in der Schweiz dagegen besitzt ein rechter Junge ein Sackmesser. Wo verschiedene kulturelle Muster einander begegnen, entsteht Unsicherheit. Wenn keine kulturell tradierten Vereinbarungen über das Waffentragen gültig sind, kann es vorkommen, daß die Kinder und Jugendlichen der Faszination der Waffen erliegen und so Unsicherheitsgefühle zu kompensieren versuchen, die sich in einem ethnisch durchmischten Territorium einstellen.

In einzelnen Gegenden und Schulen wird beobachtet, wie sich die Kinder und Jugendlichen durch Zusammenschluß zu behaupten versuchen: Jugo-Power, Turkish-Tigers oder Latinos. Soziokulturell desorientierte Kinder und Jugendliche suchen über die Rückbesinnung auf ihre ethnischen Wurzeln ein Sicherheitsgefühl. Das subjektiv unsichere Umfeld versuchen sie durch das demonstrative Zurschaustellen der eigenen ethnischen Symbole zu bewältigen. Definiert sich eine Ethnie über bestimmte Waffen, so sind die Auswirkungen fatal. Wie wir aus den Vereinigten Staaten wissen, kann es zu äußerst gewalttätigen bewaffneten Auseinandersetzungen kommen. Wenn eine übergeordnete Vorstellung über den Waffenbesitz fehlt, setzen einzelne oder Untergruppen die Norm.

Wehrlose Mädchen, brutale Jungen?

Bekanntlich neigen Jungen mehr zu Gewalt als Mädchen. Bei Zerstörungen, Drohungen oder Schlägereien sind fast ausschließlich Jungen beteiligt. Mädchen neigen weniger zu offener, brutaler Gewalt, sind zurückhaltender und sozialer. Können Mädchen nicht gewalttätig sein, sind sie vor allem Opfer?

Obwohl in punkto Häufigkeit die Gewalttaten der Jungen eindeutig überwiegen, gibt es auch Fälle von weiblicher Gewalt. Diese unterscheidet sich qualitativ von der Gewalt der Jungen; wenn Mädchen aggressiv sind, drückt sich dies auf eine andere Art und Weise aus. Grundsätzlich gilt, daß die Toleranzgrenze für Gewalt bei Mädchen deutlich tiefer liegt. Was zwei Jungen als harmlose Balgerei betrachten, erleben Mädchen bereits als wüste Schlägerei. Ihr Empfinden darüber, was noch zulässig ist, unterscheidet sie von den Jungen. Diese unterschiedliche Reizschwelle führt dazu, daß sich Mädchen immer wieder bedroht und angegriffen fühlen, während die Jungen verdutzt sind und das Gefühl haben, diese »Weiber« seien halt hysterisch.

Weiterhin fällt bei Mädchen die Beziehungsaggression auf: Die Gewalt wird gezielt auf die persönlichen Schwachstellen des Kontrahenten gerichtet, der Einsatz auf die Persönlichkeit des anderen abgestimmt. Weibliche Aggression ist oft persönlicher, direkter und in einem gewissen Sinn effektvoller:

In einer fünften Klasse versuchte ein leicht linkischer, introvertierter Junge die Aufmerksamkeit seiner Klassenkameraden zu bekommen. Wegen seines Äußeren und seines Interesses an Steinkunde wurde er von den anderen Kindern abgelehnt. Er war nicht »in«. Der Junge versuchte nun, bei einer Mädchengruppe Anschluß zu finden, und hoffte, wenigstens gute Freundinnen zu finden. Die Mädchen zierten sich jedoch. Um so größer war seine Freude, als er zum Geburtstag eine sorgfältig eingepackte Kassette als Geschenk bekam. Gespannt öffnete er das Päcklein und steckte erwartungsvoll die Kassette in sein Tonbandgerät: Statt Musik oder eines Hörspiels hörte er wüste Beschimpfungen. Sein Äußeres sei zum Kotzen, man sollte ihn zurückentwickeln und abtreiben, und er sei nicht einmal zum »Fotzen«-Schlecken zu gebrauchen...

Mädchen scheinen auch fähiger zu sein, rasch ihr Gesicht zu verändern. Einem Banknachbar wird kurz ins Gesicht gespuckt oder das Heft zerrissen – zwei Sekunden später blickt man mit dem freundlichsten und harmlosesten Gesichtsausdruck der Lehrerin entgegen. Das aggressive Verhalten von Mädchen ist oft weniger offensichtlich. Jungen neigen eher zur offenen, plumpen Aggression und werden entsprechend öfter erwischt.

Bei den Banden- oder Gruppengewalttaten wirken Mädchen oft im Hintergrund mit: Sie bewundern die Aktionen ihrer Freunde, stacheln sie an oder hetzen sie auf. Sie verteilen ihre Gunst nach dem

Verhalten der Jungen. Seltener kommt es vor, daß Mädchen sich direkt zu Gewalttaten hinreißen lassen.

Eine Oberstufenklasse hatte schon mehrere Lehrerwechsel hinter sich. Die Zeitdauer, in der es ein Lehrer in der Klasse aushielt, wurde immer kürzer. Schließlich kam ein Stellvertreter, der beschloß, »hart durchzugreifen«. Seine Aufmerksamkeit richtete sich vor allem auf eine aggressive Jungengruppe. Die Gesamtklasse beschloß, etwas gegen diesen unbeliebten Lehrer zu unternehmen. Schließlich erklärten sich vier Mädchen bereit, ihm auf der Straße aufzulauern, ihn zu bedrohen und ihm notfalls die Mappe zu entwenden. Sie führten den Angriff tatsächlich durch. Der Lehrer war dermaßen betroffen, daß er kündigte.

Solche Überfälle sind selten. Auffallend bei dieser Mädchengruppe war, daß es sich um sehr hübsche, modisch gekleidete junge Frauen handelte. Sie machten alles andere als einen gewalttätigen Eindruck.

Hie und da kommt es in der Altersgruppe der Elf- bis Dreizehnjährigen vor, daß die Mädchen die Macht an sich reißen. Bekanntlich sind die Mädchen in diesem Alter den Jungen körperlich überlegen. Sie spüren ihre Überlegenheit und nützten sie aus. Sie beginnen, sich sozial anders zu definieren. In einer Klasse wurde dieses Verhalten durch einen Selbstverteidigungskurs, zu dem Eltern ihre Töchter geschickt hatten, ausgelöst. Sie wandten ihre Verteidigungstaktiken in der Klasse an und wurden in kurzer Zeit für die Jungen zu einer großen Bedrohung. Die Mädchen setzten ihre neuen Fähigkeiten jedoch nicht nur reaktiv ein, sondern inszenierten sich als Bande. Sie führten Kußattacken auf jüngere, gutaussehende Jungen durch, bedrohten andere und zwangen sie, ihnen die Schuhe zu küssen, etc. Interessant war die Reaktion der Jungen: Als sie merkten, daß die Mädchen mächtiger waren, regredierten sie vollständig. Sie verhielten sich fast kleinkindlich, weinten rasch und waren mutlos. Ihr Selbstwertgefühl war in sich zusammengefallen.

Aggressiv und bissig können Mädchen auch gegenüber unbeliebten Lehrern oder Lehrerinnen sein. Oft wissen sie genau, welche Themen sie aufgreifen müssen, um damit die Lehrerin oder den Lehrer zu verunsichern.

Eine Lehrerin erhielt von zwei schwierigen Mädchen einen Drohbrief, in dem sie bezichtigt wurde, lesbisch zu sein und die Mädchen sexuell mißbraucht zu haben. Die Mädchen drohten damit, sie bei der Schulleitung anzuzeigen, wenn sie nicht sofort verschwinde. Diese Mädchen hatten es verstanden, das omnipräsente Thema des sexuellen Mißbrauchs von Kindern für sich auszunützen.

Betroffenheit und Wut: die Reaktionen der Eltern und Lehrer

Wenn der eigene Sohn oder die eigene Tochter in der Schule gequält, ausgegrenzt, bedroht und verprügelt wird, so ist man als Vater oder Mutter tief betroffen. Wutgefühle steigen auf, wenn man merkt, daß die eigene Tochter wegen Vorfällen auf dem Pausenhof oder im Schulzimmer keine Freude am Unterricht mehr hat und des Nachts nicht mehr einschlafen kann. Wir wünschen unseren Kindern eine schöne Schulzeit, wollen, daß ihnen in der Schule Wissen und Können vermittelt werden, und sind dementsprechend aufgebracht, wenn wir merken, daß die Schule für unsere Kinder zum Horror wird. Die Schule soll ein Ort sein, wo die Kinder in die positiven Seiten des menschlichen Daseins eingeführt werden, und nicht Anstalten, in denen Angst und Schrecken verbreitet werden. Wird ihr Kind in der Schule gequält, so sind die Reaktionen der Eltern entsprechend heftig. Viele Kinder aber verschweigen diese Vorfälle aus Angst, ihre Altersgruppe zu verraten oder die Eigenständigkeit zu verlieren.

Drei dreizehnjährige Jungen trafen bei den Turnstangen vor der Schule zufällig auf einen achtjährigen Schüler derselben Schule. Sie bedeuteten ihm, daß er bei diesen Turnstangen nichts zu suchen habe. Als er davonrennen wollte, packten sie ihn und stießen ihn hin und her. Anschließend forderten sie ihn auf, in der Mitte des Sandplatzes bei den Turnstangen stehenzubleiben und die Hosen runterzuziehen. Sie befahlen ihm anschließend, an seinem Glied zu manipulieren. Er sollte öffentlich masturbieren. Der Vorfall wurde von einer Frau aus der Nachbarschaft beobachtet, die jedoch nicht einschritt.

Am nächsten Tag meldete die Frau diesen Vorfall der Schulleitung. Diese versuchte, das Opfer ausfindig zu machen. Gemäß den Schilderungen der Frau war der kleine Junge völlig verzweifelt und schluchzend davongetrottet, als die älteren Jungen endlich von ihm abließen. Erst eine Woche später konnte man die Identität des Opfers eruieren. Der achtjährige Junge hatte seinen Eltern nichts von dem Vorfall erzählt. Er sei an jenem Abend lediglich leicht mürrisch nach Hause zurückgekehrt, habe sich sofort in sein Zimmer zurückgezogen und den Eltern mitgeteilt, er habe keinen großen Hunger; in den folgenden Tagen sei er in einer eigenartigen Stimmung gewesen, berichtete der Vater. Der Vorfall auf dem Pausenhof war diesem Jungen zu peinlich und hat sein Selbstwertgefühl zutiefst verletzt, als daß er dem Lehrer oder den Eltern davon hätte berichten können.

Emotional ist man als Vater oder Mutter betroffen, wenn das eigene Kind leidet. Man sucht intensiv nach einer Erklärung für solche Vorfälle. Wie konnte dies geschehen? Welches sind die Ursachen? Wo sind die Täter? Während dieser oft längeren Leidenszeit entwickeln die Eltern Theorien und Erklärungen. Je nach Weltanschauung oder Ideologie versuchen sie die Schlägereien, Mißhandlungen oder Drohungen zu verstehen. Sie greifen auf ihr Referenzsystem zurück, um die Vorfälle kognitiv zu verarbeiten.

Viele Eltern haben den Eindruck, der Fehler liege bei der Schule. Die Lehrer und Lehrerinnen sollten bereit sein, härter durchzugreifen und die Täter zu bestrafen. Wenn Beat und Markus relegiert würden, dann wäre das Problem gelöst. Oder wenn der Lehrer endlich wieder einmal konsequent wäre, würden die Vorfälle abnehmen. Andere Forderungen gehen in die gegenteilige Richtung: Der Unterricht ist viel zu streng, die Kinder brauchen mehr Freiräume und mehr Verständnis.

Oft betreffen die Forderungen der Eltern die Zusammensetzung der Klasse: Der Ausländeranteil ist zu hoch oder der Anteil der Mädchen zu klein. Bei der verzweifelten Suche nach Ursachen wird auch die Gemeindestruktur mit einbezogen: Es ist klar, daß es nicht gut gehen kann, wenn man weiß, wie viele Kinder aus dem Hitzbachviertel diese Schule besuchen. In diesem Viertel hausen vor allem Ausländer und alleinerziehende Mütter...

Die Erklärungsmuster der Eltern sind vielfältig und teilweise bizarr, enthalten aber oft einen Kern Wahrheit. Wegen der persönlichen Betroffenheit werden sie mit einer großen Vehemenz vertreten. Verständlicherweise möchten die Eltern, daß es ihren Kindern besser geht, und fordern darum, daß Maßnahmen in ihrem Sinn getroffen werden. Häufig soll jedoch das eigene Kind von solchen Maßnahmen ausgenommen werden: In der Schule soll härter durchgegriffen werden; sobald es zu einem Vorfall kommt, muß der betreffende Schüler oder die betreffende Schülerin nach Hause geschickt werden – beim eigenen Kind sieht man die Dinge jedoch anders.

Für die Lehrer ist die Situation ähnlich schwierig. Eskaliert die Gewalt in der eigenen Klasse, dominiert eine aggressiv-bissige Stimmung und kommt es immer wieder zu Vorfällen, so wird der Unterricht schwierig. Einerseits verleidet es dem Lehrer das Unterrichten, wenn er nur noch mit einem inneren Stoßgebet die Schultüre öffnen kann, andererseits erlebt er die Vorfälle als persönliches Scheitern. Der Unterricht wird zur Qual. Viele Lehrer werden in solchen Situationen auf die Klasse allergisch. Sie befürchten schon das Schlimmste, wenn sie die Treppe hinauf zu ihrem Zimmer gehen. Entsprechend mißmutig wird die Klasse dann begrüßt: »Wo sind die Schulhefte? Ihr solltet sie auf dem Pult haben!« fährt ein Lehrer seine Klasse an, die er seit vier Tagen nicht mehr gesehen hat. Statt mit einer Begrüßung tritt er als erstes mit einem Vorwurf an die Schüler und Schülerinnen heran.

Wenn der Unterricht als eigenes Scheitern erlebt wird, kann es zu einer persönlichen Krise kommen. Ältere Lehrer haben das Gefühl, sie können die neue Generation nicht mehr erreichen, die Kinder seien ihnen fremd, von einem unheimlichen Zeitgeist beherrscht. Es kommt zu einer innerlichen Verabschiedung vom Lehrerberuf. Die Monate oder Wochen, bis man die Klasse abgeben kann, werden gezählt, die Stunden durchgestanden, und der eigene Einsatz wird auf eine Schadenminimierung beschränkt. Wenn der Unterricht als persönliches Scheitern erlebt wird, bleiben Auswirkungen auf das Privatleben nicht aus: Eine schleichende Depression stellt sich ein, weil man in der eigenen Arbeit keinen Sinn mehr sieht.

Jüngere Lehrer fühlen sich oft von den Seminaren betrogen. Sie sind enttäuscht, daß die Kinder sich nicht ihren pädagogischen Leitvorstellungen entsprechend verhalten. Sie haben den Lehrerberuf angetreten in dem Glauben, Kinder durch gut überlegte Lernimpulse und Freiräume motivieren und für den Unterricht begeistern zu können. Wenn sie erleben müssen, daß ihre offene, dialogwillige und kooperative Haltung nicht belohnt wird, drängt sich ein Gefühl grenzenloser Enttäuschung auf. Was ist nur mit diesen Kindern los?

Wieso beteiligen sie sich nicht an dieser Projektwoche, für die ich so viele Stunden investiert habe? Jüngere Lehrer und Lehrerinnen stehen der Klasse oft perplex und verständnislos gegenüber: Wie ist es möglich, daß ein Junge von zwei Klassenkameraden verprügelt wird, nur weil er rote Turnschuhe trägt, nachdem wir zwei Stunden lang über positive Konfliktregelung gesprochen haben?

Wie die Eltern suchen auch der Lehrer oder die Lehrerin nach den Ursachen der Gewalt, nach Erklärungsmustern, die ihnen plausibel erscheinen. Aus ihrer Warte sind aber meistens nicht der Unterricht oder die Schule für die Gewalttätigkeiten der Kinder verantwortlich, sondern der Freizeitbereich oder die Familie. Viele Lehrer betonen, daß die Kinder bereits aufgedreht, angespannt, müde und latent aggressiv zur Schule kommen. Aus der Perspektive der Lehrer sind die Kinder diversen äußeren Einflüssen ausgesetzt, die ihre Gewalttätigkeit fördern: übermäßigem Fernsehkonsum, engen Wohnverhältnissen, einer repressiven Erziehung oder fehlender Betreuung. Wenn ein zehnjähriges Kind jeden Abend in der Stadt herumstreunen kann, so muß man sich nicht wundern, wenn es in der Schule reizbar wird. Wenn der Vater nicht wagt, seinem dreizehnjährigen Sohn zu widersprechen, wenn dieser verkündet, daß er gar nichts im Haushalt machen und weiterhin kommen und gehen wolle, wann es ihm paßt, dann sind ähnliche Schwierigkeiten in der Schule voraussehbar.

Je nach Viertel setzen die Lehrer das gewalttätige Verhalten ihrer Schüler auch mit der jeweiligen Jugendszene der Umgebung in Verbindung: Bei uns sind die Schüler nur gewalttätig, weil die Homeboy- und Toyszene von außen einwirkt. Von diesem Blickwinkel aus gesehen, wären die Schüler und Schülerinnen brav, wenn die »Homies« nicht ihr Unwesen trieben. Die eigenen Schüler, der Schulbetrieb selbst werden als Opfer von Einflüssen von außen betrachtet.

In einer größeren Berner Schule fiel auf, daß fremde Jugendliche immer wieder den Pausenhof oder das Schulgebäude betraten. Da es sich um sein sehr großes Schulhaus handelte, konnten die eigenen Schüler nicht von fremden unterschieden werden. Im Verlauf der Krisenintervention stellte sich heraus, daß diese fremden Jugendlichen gegen ein bescheidenes Entgelt von zwei bis fünf Franken Kinder verprügelten...

Die Mitglieder von solchen Jugendbanden können auch für die

Lehrer gefährlich werden. In einer St. Gallener Schule betrat ein Mitglied einer Jugendbande unaufgefordert die Turnhalle, in der ein Lehrer eine Stunde abhielt. Der Jugendliche wandte sich einem Schüler zu, mit dem er abrechnen wollte. Als sich der Lehrer einmischte und den Jugendlichen aufforderte, die Turnhalle zu verlassen, griff dieser den Lehrer an. Der Lehrer setzte sich zur Wehr, und es entstand ein Handgemenge. Er forderte seine Schüler auf, den Hausmeister zu rufen, die Klasse blieb jedoch wie gelähmt stehen und wartete. Sie dachten sich wahrscheinlich, daß sie zuerst abwarten wollten, wer gewinne.

Die Schule sieht die Ursachen der Gewalt oft ausschließlich in externen Faktoren. Lehrer und Lehrerinnen weisen darum die Vorwürfe der Eltern zurück und verlangen, daß sich in der Erziehung, der Umgebung oder im Freizeitbereich der Kinder und Jugendlichen etwas ändere.

Die gegenseitige mentale Externalisierung der Gewaltfaktoren führt zu einer Lähmung. Wenn Eltern oder Lehrer nur die externen Faktoren der Gewalt anerkennen, besteht die Gefahr, daß nichts gegen die Gewalt unternommen wird. Die Lehrer stellen Forderungen an die Eltern, die Eltern beschuldigen die Lehrerschaft, und beide fallen über die Medien her. Jeder schiebt dem anderen die Schuld zu. Die Gefahr dabei ist, daß der eigene Gewaltanteil nicht erkannt wird.

Das verborgene Gesicht der eigenen Gewalt

Dem psychoanalytischen Menschenbild zufolge haben wir nicht nur edle Seiten in uns, sondern auch destruktive Tendenzen. Der Mensch hat einen Schatten, der aus verdrängtem und nicht genehmem psychischem Material besteht. Bewußt lehnen wir Gewalt ab, in unserem Unbewußten oder unserer Schattenpersönlichkeit staut sie sich jedoch auf. Es ist schwierig, den eigenen Schatten zu erkennen. Es fällt uns leichter, Schattenanteile nach außen zu projizieren. Da wir mit unserem Bewußtsein nicht kompatible Inhalte des Unbewußten abschieben müssen, verlegen wir sie in die Umgebung. Wenn ein Jugendlicher vehement seine Unschuld beteuert und meint, nicht er sei schuld, sondern der andere habe ihn provoziert, so hat er seinen eigenen Gewaltanteil projiziert. Vorfälle von Gewalt sollten uns immer auch an unsere eigene potentielle Gewalttätigkeit erinnern.

Die Konfrontation mit dem eigenen Schatten ist eine der schwierigsten psychologischen Herausforderungen, die es überhaupt gibt. Da wir uns als hehre, lichte Persönlichkeit sehen wollen, bereitet es uns Mühe, gewalttätige Seiten in uns selbst anzuerkennen.

Eine weitere Schwierigkeit ist das Lösungsdenken, der naive Glaube, dem wir immer wieder verfallen, für Gewalt gebe es Lösungen, durch welche sie endgültig aus der Welt geschafft werden könnte. Da Gewalt jedoch zum Schatten des Menschen gehört, wird sie immer von neuem auftauchen. Wir können die Neigung zu Gewalttätigkeit nicht aus dem Menschen herausoperieren.

Wenn wir etwas gegen Gewalt unternehmen wollen, müssen wir sie als innere Möglichkeit akzeptieren. Das Problem der Gewalt kann nicht gelöst werden, sondern wir müssen Gewalt als konstante Herausforderung annehmen und immer wieder neue Maßnahmen dagegen erfinden, damit sie nicht überhand nimmt und uns zerstört. Wir müssen Mr. Hyde als Begleiter unseres Daseins akzeptieren, damit wir Dr. Jekyll sein können.

Auf die Schule angewandt heißt das, daß Gewalt nur eingedämmt werden kann, wenn alle Parteien aktiv mitmachen und auf Schuldzuschreibungen verzichten. Grundlage der Krisenintervention ist die gemeinsame Konfrontation mit diesem Schattenthema. Gewalt wird als gemeinsame zivilisatorische Herausforderung verstanden, immer wieder Institutionen, Regeln, Leitsätze und Rituale entwikkeln zu müssen.

Die Doppelrolle des Lehrers

Für den Lehrer ist es schwierig, richtig auf Gewalt zu reagieren. Er muß von der Vorstellung des friedlichen, wunderbar harmonischen Unterrichts, in dem er als stets allseitig geschätzter Lernbegleiter waltet, Abschied nehmen und sich mit einem Unterricht abfinden, bei dem er immer wieder Chaosprävention leisten muß. Auf der

Klassenebene fällt dem Lehrer eine Doppelfunktion zu: Einerseits ist er Lernbegleiter und Förderer der Entwicklung der Kinder, andererseits hat er die Rolle des Oberbandenchefs inne. Im individuellen Kontakt versucht er, auf die Kinder einzugehen, ihre Probleme und Schwierigkeiten zu erkennen und eine Beziehung zu ihnen aufzubauen, vor der Klasse fällt ihm jedoch die Rolle des Oberbandenchefs zu. Um zu verhindern, daß sich die Schattenkräfte konstellieren und überhandnehmen, muß er einen archetypischen Gegenpol bilden, das Über-Ich vertreten, das Gewalt ablehnt. Als Oberbandenchef ist er weniger am einzelnen Kind interessiert, sondern an den Themen und den Dynamismen der Gruppe. Als Oberbandenchef setzt er die Leitlinien fest.

Dies bedeutet jedoch, daß er immer wieder Entfremdungserlebnisse durchstehen muß. Die Kinder wollen die Anordnungen des Lehrers nicht verstehen, wehren sich dagegen, begehren auf und stöhnen. Diese Ablehnung zu ertragen ist für den Lehrer oft schwierig. Auf einer tieferen Ebene brauchen die Kinder jedoch ihren Oberbandenchef. Sie wollen jemanden in der Klasse, der die grundsätzlichen Leitlinien bestimmt, selbst wenn sie sich nicht danach richten. Nur wenn sie die Vorstellungen des Lehrers kennen, wenn ein Gegenpol vorhanden ist, können sie ihre eigenen Positionen und Rituale finden und ihre eigenen Kräfte mobilisieren gegen Aggression und Gewalt.

Die Notwendigkeit mündlich vermittelter Schulleitbilder

Auf der Ebene der Schule braucht es eine Gegenkultur zur Gewalt. Nur wenn die Lehrerschaft einen gemeinsamen Willen entwickelt, kann sie verhindern, daß Gewalttätigkeiten überhandnehmen. Zur Gegenkultur gehört ein Konsens darüber, was in der Schule toleriert und was abgelehnt wird. Wie weit sind Balgereien erlaubt? Wie reagiert man, wenn ein Schüler schwänzt oder mit Waffen auf dem Schulhof erscheint? Wie im folgenden Kapitel dargestellt, braucht es gemeinsame pädagogische Leitvorstellungen, an denen sich die Schüler orientieren können. Diese Leitbilder müssen Aussagen zu Gewalt und Aggression enthalten, zum Beispiel, was man unter gesunder Aggression versteht und wo Gewalt beginnt.

Weiterhin ist es wichtig, daß die Lehrerschaft diese gemeinsamen pädagogischen Leitvorstellungen beherzigt und nicht nur auf dem Papier festhält. Leider beschränkt sich in vielen Schulen der pädagogische Konsens auf die Hausordnung. Rasch wird jedoch die Hausordnung zu einem Mittel, sich von der Durchsetzung gemeinsamer pädagogischer Vorstellungen zu dispensieren. Statt eine Leitvorstellung zu entwickeln, die jederzeit spontan zitiert und den Kindern verständlich gemacht werden kann, verweist man auf ein totes Stück Papier. In vielen Schulen scheint die Hausordnung die Lehrer von der Pflicht zu entbinden, gesamtschulisch zu wirken.

Eine Hausordnung kann jedoch nicht eine gemeinsame pädagogische Kultur ersetzen. Was auf einem Stück Papier steht, läßt vor allem jüngere Kinder kalt, denn sie sind noch nicht daran gewöhnt, sich an Schriftlichem zu orientieren. Die pädagogischen Leitvorstellungen müssen den Kindern darum mündlich mitgeteilt werden, müssen Bilder und Ausdrücke enthalten, die einprägsam sind und nicht so schnell vergessen werden. Jüngere Kinder orientieren sich an dem, was die Lehrer spontan äußern, nicht an toten Paragraphen.

Um eine solche gemeinsame Leitvorstellung zu entwickeln, muß die Lehrerschaft sich zusammensetzen und sich Zeit nehmen, einen Konsens zu finden. Oft braucht es intensive interne Auseinandersetzungen, vielleicht unter Mithilfe eines Supervisors, bis diese gemeinsame Linie gefunden wird. Wie weit werden Kämpfe unter Schülern toleriert? Welche Strafen verhängt die Lehrerschaft? Was geschieht bei Sachbeschädigung? Solche und ähnliche Themen gilt es im Rahmen der mündlichen Leitvorstellungen abzuhandeln.

Selbstverständlich werden sich die Kinder nicht daran halten. Die Auffassungen, die die Lehrer vertreten, sind aber trotzdem psychologisch von eminenter Bedeutung. Die pädagogischen Leitvorstellungen stellen einen Gegenpol zu den Auffassungen, die die Kinder vertreten, dar. Sie helfen den Kindern, eigene Kräfte zu mobilisieren. Zwar übernehmen sie die Vorstellungen der Lehrerschaft nicht unbesehen, entwickeln jedoch in Auseinandersetzungen mit dieser Position eine eigene Haltung.

In einer Schule im Thurgau wurde immer wieder an den Fahrrädern herummanipuliert, Bremskabel wurden zerschnitten, Reifen aufgeschlitzt und die Räder abmontiert. Nachdem es zu zwei Unfällen gekommen war, reagierte die Lehrerschaft in corpore. Sie verkündete, daß jeder Schüler, der bei einer Manipulation erwischt werde, einen Nachmittag lang dem Hausmeister beim Putzen helfen müsse. Die Lehrer vereinbarten, alle auf dieselbe Art und Weise zu reagieren und keine Ausnahmen zuzulassen. Die Schülerschaft war tatsächlich beeindruckt von diesem gemeinsamen Willen der Lehrer. Die Manipulationen an den Fahrrädern hörten auf, was jedoch blieb, war das »Lüftlen« (die Luft aus dem Reifen lassen). Die Kinder hatten nicht die Position der Lehrer übernommen, sondern dank der eindeutigen Haltung der Lehrerschaft eine eigene Einstellung zu dem Problem gefunden. Die Kinder selbst bestraften Altersgenossen, die weitergingen als von ihnen erlaubt. Der kollektive Wille der Lehrerschaft hat dazu beigetragen, daß die Kinder unter sich das Problem einigermaßen bewältigen konnten. Ein Teil Gewalt war zugelassen, doch hielten sich die Kinder an eine Grenze.

Bei der Krisenintervention, die im letzten Kapitel vorgestellt wird, geht es darum, solche Reaktionen in der Kinderwelt zu provozieren. Durch die Krisenintervention soll den Kindern geholfen werden, ihre eigenen Bewältigungsrituale zu entwickeln.

Eine weitere Maßnahme, die sich bei Gewaltvorfällen in Schulen als hilfreich erweist, ist die öffentliche Bekanntmachung. Kommt es im Schulareal oder in der unmittelbaren Umgebung zu Vorfällen, so sind alle Lehrer und Schüler darüber zu informieren. Die gesamte Schule soll wissen, was geschehen ist und wie es dazu gekommen ist. Die Namen der beteiligten Schüler können bekanntgegeben werden. Durch diese Maßnahme wird die soziale Kontrolle im Rahmen der Schule erhöht. Es ist wichtig, daß Gewalttaten nicht im geheimen geschehen, sondern innerhalb der Schule publik werden. Den Gewalttätern wird dadurch klar, daß sie sich durch ihre Tat von der Gemeinschaft ausschließen, daß gewisse Gewalttaten nicht toleriert werden. Die Veröffentlichung der Namen der Täter und die Darstellung der Vorfälle dient jedoch auch dazu, die anderen Kinder dafür zu sensibilisieren, wo gemäß den Vorstellungen der Lehrerschaft und der Eltern die Grenzen liegen.

Auf keinen Fall darf natürlich die Bekanntgabe der Namen der Täter die einzige Maßnahme bleiben. Parallel dazu müssen mit den gewalttätigen Kindern oder Jugendlichen Gespräche geführt werden. Sie sollen die Möglichkeit erhalten, sich im Rahmen der Schule neu zu definieren.

»Die Arbeit mit den Kindern gefällt mir sehr, doch das Klima im Lehrerzimmer irritiert mich. Über die Turnhallenbelegung, Schulreisen, die Versäumnisse der Eltern oder das Wochenende wird gesprochen, doch von den Problemen mit der eigenen Klasse ist nicht die Rede! Scheinbar bewältigen alle meine Kollegen und Kolleginnen die Herausforderungen ihres Berufes mühelos.« Aussage einer Grundschullehrerin, die in ihrem Beruf mit etlichen Schwierigkeiten zu kämpfen hat. Eine schwierige Jungengruppe, Elternvorwürfe und immer wieder Schulstunden, die in ein Chaos abgleiten. Im Lehrerzimmer bewahrt sie Fassung. Als Junglehrerin will sie nicht zum problematischen Fall werden, also schweigt sie. Sie fühlt sich in der Schule nicht in ein Team eingebettet, sondern auf isoliertem Posten. Hinter verschlossener Tür zerreibt sie sich an den Kindern, während nach außen Nonchalance gemimt wird. Die »Intimsphäre Schulzimmer« darf nicht durch gegenseitige Einmischung verletzt werden. Das pädagogische Wirken konzentriert sich auf dieses Territorium, während die Gänge und das Schulareal als die Domäne der Hausmeister gelten. Zusammenarbeit mit Kollegen wird zwar gepriesen, doch beschränkt sie sich auf das Austauschen von Arbeitsblättern oder die Organisation des Sportfests. Der eigene Unterricht wird privatisiert und vom Rest des Schulbetriebs abgespalten.

Jeder Beruf gründet auf Vorstellungen, wie der betreffende Beruf ausgeübt werden soll. Leitbilder dienen der Orientierung und legen das Wirkungsfeld fest. Ein Hotelier sieht sich für das Wohl seiner Gäste verantwortlich oder beschränkt seinen Einsatz auf das Herrichten von sauberem Bettzeug und die Zubereitung des Frühstücks. Der Fokus der Arbeit wird durch das Leitbild bestimmt. Berufsleitbilder kanalisieren die beruflichen Anstrengungen und bestimmen die Topoi des Wirkens. Für den Lehrer und die Lehrerin steht die Arbeit mit der Klasse im Zentrum. Der Gongschlag gilt als Auftakt für den persönlichen Einsatz vor einer Kinderschar, die Lektion als Medium des Einflusses und der Stoff als Legitimation. Gemäß diesem Leitbild konzentrieren sich die Anstrengungen der Lehrperson auf didaktische Fragen, die Auseinandersetzung mit einzelnen Kindern, die Elternarbeit und den Unterrichtsstil. Ein guter

Lehrer ist, wer anregende Stunden erteilt und seine Schüler und Schülerinnen für den Stoff begeistert. So zutreffend dieses Leitbild ist, deckt es doch nur einen Teil der Wirklichkeit des Lehrberufes ab und genügt den veränderten Anforderungen an die Schule nicht.

Die Schule als Projektionsträger

Von außen betrachtet, eröffnet sich eine andere Perspektive: Die Schule wird als Ganzes gesehen und beurteilt. »In der Aebiacker-Schule sind die Lehrer so streng, im Rüeschegg herrscht ein freier Stil, so daß es fast chaotisch zugeht.« Der Klatsch im Dorf oder im Viertel schreibt den Schulen Eigenschaften zu. Nicht nur der einzelne Lehrer oder die einzelne Lehrerin interessiert, sondern die Schule wird als eigene Gestalt wahrgenommen. Schulen dienen nicht nur zur Unterbringung verschiedener Klassen, sondern tragen als Gesamtinstitution Bedeutungen. Werthaltungen werden gesucht, die die ganze Lehrerschaft auszeichnen. Die Schule nimmt einen gewichtigen Platz im täglichen Leben ein. Mit Argusaugen schaut die Umgebung auf Schulen und sucht nach Zeichen, anhand derer die Position der Lehrerschaft ersichtlich wird. Alle Informationen, die von einer Schule ausgehen, werden von der Umgebung registriert und zu einem Bild verdichtet. Ein Hausmeister, der das Schulhaus zwanzig Minuten nach Schulschluß leer haben will, oder eine Lehrerin, die immer erst zwei Minuten vor Stundenbeginn mit ihrem Auto vorfährt, vermitteln der Umgebung Botschaften. Schulen sind keine neutralen Gebäude, sondern observierte Objekte, Symbole für die Eltern und Bewohner der Umgebung, an denen sich gesellschaftliche Tendenzen, Positionen und Einstellungen herauskristallisieren.

Auch unter Kindern kursieren genaue Vorstellungen, wie das Leben in den Schulen ist. Verschiedene Subkulturen werden identifiziert, die attraktiv oder furchterregend sein können. »Im Gubri regieren die Homies, im Dössegger sind alle Streber.« Der Eintritt in eine Schule bedeutet Konfrontation mit dieser Eigenwelt der Kinder, die Rituale festlegt, Moden steuert, Umgangsformen beeinflußt und oft den Wert der Schulkarriere festlegt.

Die Vorstellungen über Schulen können richtig oder falsch sein, auf jeden Fall haben sie die Qualität einer kollektiven Übertragung. Die Schule wird mit eigenen Anliegen, Problemen und Wünschen besetzt und dient als Symbol des im Dorf oder Viertel vorherrschenden Geistes. Sowohl bei Kindern wie auch Erwachsenen drücken die auf die Schule projizierten Inhalte den Bezug zum Staat oder zur Gemeinde aus. Ausländer reagieren an der Schule Erwartungen, Probleme und Hoffnungen ab, die sie unserer Kultur entgegenbringen. An den Schulen zeigt sich für sie die Integrationsbereitschaft unseres Landes Ausländern gegenüber. Können sich meine Kinder hier assimilieren? Für Schweizer Eltern dagegen ist die Schule oft das Objekt, an dem sie ihre kritische Einstellung der Gesellschaft im allgemeinen gegenüber festmachen oder von dem sie erwarten, daß es deutliche Gegenakzente zu den Zeitströmungen setzt. An der Schule kristallisieren sich die Herausforderungen, denen sich ein Dorf oder ein Viertel zu stellen hat. Die Umgebung funktionalisiert die Schule gemäß ihrer Psychologie. In der Art und Weise, wie eine Schule von der Umgebung wahrgenommen wird, drücken sich die kollektiven seelischen Kräfte aus, die ein Dorf oder ein Viertel prägen.

Diese kommunale Bedeutung der Schule steht leider oft in krassem Gegensatz zur Selbstdefinition ihrer Arbeit durch die Lehrerschaft. Die Einbettung der Schule in ein psychologisches Umfeld wird kaum wahrgenommen. Der Lehrer kann es sich erlauben, sich in die eigenen vier Wände zurückzuziehen, da er nicht direkt von der Umgebung abhängig ist und die Kinder von Gesetzes wegen seine Schulstunden besuchen müssen. Wenn sich aber die Lehrerschaft ausschließlich als Stundenplansöldner sieht, verpaßt sie die Chance, als Institution auf die Umgebung einzuwirken und das Bild der Schule zu gestalten. Dem psychologischen Bedürfnis der Kinder, Eltern und mancher Lehrer und Lehrerinnen, dem Konzept Schule Bedeutung zu geben, wird nicht entsprochen.

Schulen sind nicht nur Lern- und Förderanstalten, sondern sollen ihre Chance wahrnehmen als Vermittler einer pädagogischen Botschaft, an der sich die Lehrerschaft, die Kinder und die Umgebung orientieren. Nur wenn sich die ganze Schule zusammenfindet, an einem Schulleben, wie es schon der Pädagoge Herbart fordert, arbeitet und versucht, gemeinsame pädagogische Positionen zu formulieren, besteht die Hoffnung, daß die Schule ihrer kommunalen Bedeutung nachkommen kann. Die Schule ist eine pädagogische Einheit, die intensive Zusammenarbeit unter den Lehrern und Lehrerinnen erfordert. Die eigene pädagogische Haltung, die Schwierigkeiten im Unterricht und die Erfahrungen im Kontakt zu den Eltern sind nicht Privatsache, sondern immer auch eine Angelegenheit der gesamten Schule. Peinlichkeiten im Unterricht oder Dekompensation sollen nicht nur im privaten Rahmen oder allenfalls einer persönlichen Supervision zur Sprache kommen, sondern haben als pädagogische Herausforderungen des gesamten Lehrerteams zu gelten.

Schulkultur kann den Kindern zu einer Schule verhelfen, in der es um mehr geht als Stoff, Disziplin und Klassenegoismus. Die Schule kann ein Stück Heimat werden. Dies hat vor allem in städtischen Gebieten oder anonymen Vorstadtagglomerationen mit einem hohen Ausländeranteil Bedeutung. Die Förderung der Schulkultur muß auch im Zusammenhang mit Drogen-, Verwahrlosungs- und Gewaltprophylaxe gesehen werden.

Die Wirklichkeit vieler Schulen sieht anders aus: Über die Schule an sich wird selten phantasiert, das Lehrerteam figuriert in der pädagogischen Arbeit an letzter Stelle, internen Konflikten wird ausgewichen, und Lehrerkonferenzen werden als mühsame Zusatzaufgaben betrachtet. Erstaunlicherweise ist es heute immer noch möglich, daß Lehrer sich von pädagogischen Fortbildungsveranstaltungen, die eine aktive Lehrergruppe oder Schulpflege für eine Schule organisiert, unbeschadet abmelden mit Begründungen wie: »In meiner Klasse gibt es keine Probleme«, »Ich werde in dieser Zeit lieber einen Computerkurs besuchen«, oder: »Ich muß mein Ferienlager vorbereiten.« Verhaltensweisen, die deutlich zeigen, daß das Wort Schulkultur höchstens rhetorische Bedeutung hat. Auch wird die Schule oft nicht als Arbeitsplatz betrachtet, der auch eine längere Präsenz außerhalb der effektiven Unterrichtszeiten erfordert, sondern die Anwesenheit in der Schule beschränkt sich auf die ausgefüllten Felder im Stundenplan. Für die Schulhausgestaltung, die Gänge, den Pausenhof, die Beziehungen der Lehrerschaft untereinander, die Zeit und das Geschehen unmittelbar nach Schulschluß bleibt wenig Zeit. In Extremfällen reduziert sich das Interesse an der Gesamtschule auf die Organisation von Brötchen und Kaffee im Lehrerzimmer, während die Erwartungen der Umgebung und das Geschehen auf dem Pausenhof ausgeblendet werden.

Eine aktive Schulkultur zu pflegen ist eine der zentralsten Herausforderungen, der sich Schulen heute zu stellen haben. Damit diese Schulkultur jedoch nicht nur eine leere Floskel bleibt, Schulen ihrer kommunalen Bedeutung nachkommen und Lehrer in ihrer Arbeit durch das Team getragen werden, braucht es Anstrengungen in verschiedenen Bereichen. Als erstes ist es wichtig, daß die Lehrerschaft versucht, pädagogische Richtlinien für die gesamte Schule auszuarbeiten. Wie wird in unserer Schule auf Gewalt reagiert? Welche Bedeutung kommt der Notengebung zu? Wie versuchen wir Ausländerkinder zu integrieren?

Es braucht Leitlinien, die von der Umgebung und den Kindern verstanden werden. Pädagogische Grundsätze, an denen sich Kinder wie Eltern orientieren, gegen die sie sich auflehnen oder mit denen sie sich identifizieren können. Diese Grundsätze dürfen sich nicht auf Regeln reduzieren, die auf einem schubladisierten Papier ruhen oder in einer für Kinder abstrakten Hausordnung festgehalten werden, sondern sollen Vorstellungen umschreiben, die von der Lehrerschaft beherzigt und vor den Kindern und Eltern spontan zitiert werden können.

Schulkultur beinhaltet auch ein Konfliktbewußtsein. Wie wird in der Schule gestritten? Gibt es offene Auseinandersetzungen unter der Lehrerschaft, oder wird auf Intrigen ausgewichen? Fragen der Teamarbeit stellen sich: Wie werden neue Kollegen eingeführt? Muß eine neue Kollegin zuerst einmal »ins Messer laufen« und begreifen, daß die Kinder anders sind, als es die naiven Pädagogen im Seminar predigen, bevor sie einigermaßen akzeptiert wird, oder versucht die Lehrerschaft, sie von Anfang an zu stützen?

Weiter gilt es, sich Gedanken über die Pausenhofdramen zu machen. Pausenaufsicht bedeutet nicht, daß man gelangweilt unter dem Vordach steht und wartet, bis irgendwo etwas geschieht, sondern während der Aufsicht soll über das Geschehen auf dem Pausenhof phantasiert werden. Welche Positionen, Hierarchien, typische und problematische Verhaltensweisen sind unter der Kinderschar auszumachen? Pausenaufsicht ist eine Gelegenheit, die Subkultur der Kinder zu studieren.

Weiterhin ist es wichtig, daß sich die Lehrerschaft über die Bedeutung der Strafe einig wird. Soll gestraft werden? Wie darf eine solche Sanktion aussehen? Können sich die Lehrer gegenseitig unterstützen? Wie wird reagiert, wenn sich zwei Jungen im Gang verprügeln?

Der Elternarbeit kommt eine große Bedeutung zu. Statt sich gegenseitig durch Eltern austricksen zu lassen und verständnisvoll zu nicken, wenn eine Mutter sich über die Arbeit einer Kollegin beklagt, oder darüber zu lamentieren, daß Eltern heute ihre Kinder nicht mehr erziehen wollen, gilt es eine gemeinsame, klassenübergreifende Strategie zu entwickeln. Wie wird die Schule von den Eltern wahrgenommen? Welche Erwartungen werden an die Schule gestellt? Wie wird reagiert, wenn ein Kind die Schule schwänzt oder Eltern sich in den Unterricht einmischen?

Neben der pädagogischen Position, die der Außenwelt vermittelt wird, gehört die Suche nach Antworten auf aktuelle erzieherische Herausforderungen zur Schulkultur: Sollen zehnjährigen Mädchen und Jungen nächtliche Pyjama-Parties erlaubt werden? Wie viele Freizeitaktivitäten erträgt ein achtjähriges Kind? Darf ich meinem Sohn einen Baseballschläger kaufen? Vor allem alleinerziehenden Müttern und Vätern sowie Ausländern kann es eine enorme Hilfe sein, wenn sie die Position der Lehrerschaft zu diesen Fragen kennen. Solche Leitsätze könne nicht ex cathedra verkündet werden, sondern nur im Dialog mit der Umgebung, damit die regionalspezifischen Besonderheiten berücksichtigt sind. Während sich in dem einen Stadtviertel die Frage nach der Häufigkeit der Kinobesuche stellt, wissen die Eltern in einer anderen Gegend nicht, wie sie den Versuchungen, denen die Kinder durch die Jugendszene im lokalen Einkaufszentrum ausgesetzt sind, begegnen sollen. Kindern und Eltern ist es eine große Hilfe, wenn sie nicht bei jedem Lehrer die pädagogische Haltung herausspüren müssen, sondern wissen, welchen gemeinsamen Werten die betreffende Schule verpflichtet ist.

Eine lebendige Schulkultur umfaßt klassenübergreifende Veranstaltungen: Feste, Feiern oder Arbeitstage, an denen die ganze Schule teilnimmt und die von den Schülern und Schülerinnen mitgestaltet werden. Vielleicht ist es sogar möglich, wöchentlich eine Schülerkonferenz zu organisieren, auf der die Schüler selbst Anliegen vorbringen und Probleme besprechen können. Solche Veranstaltungen vermitteln den Schülern das Gefühl, an etwas Größerem teilzunehmen. Sie erhöhen die Chance, daß Kinder einen Sinn für Überstrukturen entwickeln und für den Einsatz in der Gemeinschaft sensibilisiert werden. Wenn die Schüler und Schülerinnen an einer solchen Konferenz vom gefürchteten Schulschläger vernehmen, daß er sich selbst auch ängstigt und zudem das Gefühl hat, von den anderen ausgestoßen zu werden, so begegnen sie ihm vielleicht anders und verhindern seine verzweifelte, aggressive Abwehr.

Zur Schulkultur gehört ferner, daß sich die Lehrerschaft Gedanken macht über die Subkulturen, die sich in Schulen etablieren. Die meisten Kinder wissen nicht, was ihre Lehrer und Lehrerinnen von Verhaltensweisen und Moden halten, die ihre Altersgruppe ausprobiert. Sollen asiatische Kampfsportarten auf dem Pausenhof geübt werden? Sind Stellmesser im Schulareal erlaubt? Es hilft Kindern, wenn sie eine mentale Vorstellung von der Position der Schule haben, damit sie Gegenkräfte zu fragwürdigen Praktiken auf dem Schulareal entwickeln können. Wenn es in einer Schule üblich ist, sich mit grob-sexuellen Wörtern zu beschimpfen, so wird nach einer Gegenstimme verlangt, die die Haltung der Schule repräsentiert. Die Kinderwelt erwartet eine markante Position der Schule, damit eine eigenständige moralische Haltung gefunden werden kann und nicht problematische oder hyperaggressive Kinder die Richtung angeben.

Schulkultur bedeutet auch, daß die Lehrerschaft über sich selbst nachdenkt und die Dynamik der Schule thematisiert. Eine Aussage wie »mit meiner Klasse habe ich keine Probleme, ich habe sie fest im Griff« erhält eine andere Bedeutung, wenn gleichzeitig Schüler dieser Klasse den Pausenhof terrorisieren. Es gilt, über die Rolle der eigenen Klasse innerhalb der Schule zu reflektieren. Vielleicht muß jedoch zuerst ein Paradigmawechsel stattfinden, ein mentaler Sprung, damit der Lehrer sich nicht nur als Einzelkämpfer sieht, sondern eingebunden in eine Gruppe, die der Schule eine Leitlinie gibt, am internen Klima arbeitet und auf die Umgebung hinauswirkt.

Es ist fraglich, ob unsere Schulen aus sich selbst heraus genügend Kräfte für eine gemeinsame Schulkultur entwickeln können. Meistens sind die Lehrerpersönlichkeiten zu verschiedenartig und ihre Arbeitsweisen zu individualisiert, als daß rasch ein gemeinsamer Nenner gefunden würde. Voraussetzung einer dynamischen Schulkultur ist darum ein pädagogischer Leiter, der die jeweilige Schule nach außen repräsentiert und sich als verantwortlich für die Pädagogik der Schule betrachtet. Ein Lehrer mit besonderen Befugnissen, der die Schulkultur immer wieder aufs Tapet bringt und der Schulbehörde als Ansprechpartner für Schulprojekte dient. Eine weitere günstige Voraussetzung für eine positive Schulkultur ist die Größe der Schule. Erfahrungsgemäß ist es für kleine Schulen bedeutend einfacher, sich auf ein gemeinsames Leitbild zu einigen, als für große, anonyme Schulfabriken.

»Gewalt ist eher mit Gewalt zu vertreiben...«

»Unter die Übungen des Stoicismus, den ich deshalb so ernstlich, als es einem Knaben möglich ist, bei mir ausbildete, gehörten auch die Duldungen körperlicher Leiden. Unsere Lehrer behandelten uns oft sehr unfreundlich und ungeschickt mit Schlägen und Püffen, gegen die wir uns um so mehr verhärteten, als Widersetzlichkeit oder Gegenwirkung aufs höchste verpönt war. Sehr viele Scherze der Jugend beruhen auf einem Wettstreit solcher Ertragungen: zum Beispiel, wenn man mit zwei Fingern oder der ganzen Hand sich wechselweise bis zur Betäubung der Glieder schlägt, oder die bei gewissen Spielen verschuldeten Schläge mit mehr oder weniger Gesetztheit aushält; wenn man sich beim Ringen und Balgen durch die Kniffe der Halbüberwundenen nicht irre machen läßt; wenn man einen aus Neckerei zugefügten Schmerz unterdrückt; ja, selbst das Zwikken und Kitzeln, womit junge Leute so geschäftig gegen einander sind, als etwas Gleichgültiges behandelt. Dadurch setzt man sich in einen großen Vorteil, der uns von anderen so geschwind nicht abgenommen wird.

Da ich jedoch von einem solchen Leidenstrotz gleichsam Profession machte, so wuchsen die Zudringlichkeiten der andern; und wie eine unartige Grausamkeit keine Grenzen kennt, so wußte sie mich doch aus meiner Grenze hinauszutreiben. Ich erzähle einen Fall statt vieler. Der Lehrer war eine Stunde nicht gekommen; so lange wir Kinder alle beisammen waren, unterhielten wir uns recht artig; als aber die mir Wohlwollenden, nachdem sie lange genug gewartet, hinweggingen und ich mit drei Mißwollenden allein blieb, so dach-

ten diese mich zu quälen, zu beschämen und zu vertreiben. Sie hatten mich einen Augenblick im Zimmer verlassen und kamen mit Ruten zurück, die sie sich aus einem geschwind zerschnittenen Besen verschafft hatten. Ich merkte ihre Absicht, und weil ich das Ende der Stunde nahe glaubte, so setzte ich aus dem Stegreife bei mir fest, mich bis zum Glockenschlage nicht zu wehren. Sie fingen darauf unbarmherzig an, mir die Beine und Waden auf das grausamste zu peitschen. Ich rührte mich nicht, fühlte aber bald, daß ich mich verrechnet hatte und daß ein solcher Schmerz die Minuten sehr verlängert. Mit der Duldung wuchs meine Wut, und mit dem ersten Stundenschlag fuhr ich dem einen, der sich's am wenigsten versah, mit der Hand in die Nackenhaare und stürzte ihn augenblicklich zu Boden, indem ich mit dem Knie seinen Rücken drückte; den andern, einen jüngeren und schwächeren, der mich von hinten anfiel, zog ich bei dem Kopfe durch den Arm und erdrosselte ihn fast, indem ich ihn an mich preßte. Nun war der letzte noch übrig und nicht der schwächste, und mir blieb nur die linke Hand zu meiner Verteidigung. Allein ich ergriff ihn beim Kleide, und durch eine geschickte Wendung von meiner Seite, durch eine übereilte von seiner brachte ich ihn nieder und stieß ihn mit dem Gesicht gegen den Boden. Sie ließen es nicht an Beißen, Kratzen und Treten fehlen; aber ich hatte nur meine Rache im Sinn und in den Gliedern. In dem Vorteil, in dem ich mich befand, stieß ich sie wiederholt mit den Köpfen zusammen. Sie erhuben zuletzt ein entsetzliches Zetergeschrei, und wir sahen uns bald von allen Hausgenossen umgeben. Die umhergestreuten Ruten und meine Beine, die ich von den Strümpfen entblößte, zeugten bald für mich. Man behielt sich die Strafe vor und ließ mich aus dem Hause; ich erklärte aber, daß ich künftig bei der geringsten Beleidigung einem oder dem andern die Augen auskratzen, die Ohren abreißen, wo nicht gar ihn erdrosseln würde …

Noch eine allgemeine Bemerkung steht hier an der rechten Stelle, daß nämlich bei dem Emporwachsen der Kinder aus den gesitteten Ständen ein sehr großer Widerspruch zum Vorschein kommt, ich meine den, daß sie von Eltern und Lehrern angemahnt und angeleitet werden, sich mäßig, verständig, ja vernünftig zu betragen, niemanden aus Mutwillen oder Übermut ein Leid zuzufügen und alle gehässigen Regungen, die sich an ihnen entwickeln möchten, zu unterdrücken; daß nun aber im Gegenteil, während die jungen Geschöpfe mit einer solchen Übung beschäftigt sind, sie von andern das zu leiden haben, was an ihnen gescholten wird und höchlich verpönt ist. Dadurch kommen die armen Wesen zwischen dem Naturzustande und dem der Civilisation gar erbärmlich in die Klemme und werden, je nachdem die Charakter sind, entweder tückisch, oder gewaltsam aufbrausend, wenn sie eine Zeit lang an sich gehalten haben.

Gewalt ist eher mit Gewalt zu vertreiben; aber ein gutgesinntes, zur Liebe und Teilnahme geneigtes Kind weiß dem Hohn und dem bösen Willen wenig entgegenzusetzen.«[19]

[19] Aus: Johann Wolfgang von Goethe: Aus meinem Leben. Dichtung und Wahrheit. Erster Teil, 2. Buch. In: Werke. Hamburger Ausgabe, Bd. 9: Autobiographische Schriften I, München, 9., neubearbeitete Auflage 1981, S. 66 ff.

Die Krisenintervention bei aggressiven Schulklassen

Auf den folgenden Seiten wird das Modell der Krisenintervention bei aggressiven Schulklassen der Erziehungsberatung des Kantons Bern (Schweiz) vorgestellt. Der Ansatz wurde vom Autor entwickelt und wird seit einigen Jahren mit Hilfe von Psychologen oder Psychologiestudenten, die bei der Erziehungsberatung stundenweise als Gruppenpsychotherapeuten für Kinder arbeiten, durchgeführt.

Ausgangslage

Eine Lehrerin ruft aufgeregt bei der Erziehungsberatung an: »Es ist nicht mehr auszuhalten! Die Klasse entgleitet mir! Die Stimmung unter den Schülern und Schülerinnen ist miserabel! Letzte Woche ist es zudem zu einem wüsten Vorfall gekommen: Ein Mädchen wurde aus dem Fenster des ersten Stocks gestoßen und hat sich den Arm gebrochen. Die Eltern beklagen sich bei der Schulbehörde. Ich bin völlig verzweifelt!«

Ein solcher Hilfeschrei kann der Ausgangspunkt einer Krisenintervention sein. Ein Lehrer oder eine Lehrerin ist mit ihrem Latein am Ende, wagt nicht mehr, vor die Klasse zu treten, und muß zusehen, wie die Kinder sich während der Stunde ins Gesicht spucken, einander Schläge in die Magengegend versetzen und mutwillig das Schulmaterial zerstören.

Die Lehrerin hat das Gefühl, alles versucht zu haben: Zuerst appellierte sie an die Vernunft ihrer Schüler, bat sie in diversen Gesprächen um Einsicht. Als dies nichts nützte, versuchte sie es mit strengeren Maßnahmen: Verweise wurden erteilt und Strafen verhängt. Für die Durchführung der ausgesprochenen Sanktionen fehlte ihr jedoch die Kraft. Nun tanzen die Schüler und Schülerinnen der Lehrerin auf der Nase herum. Es kommt vor, daß ein Schüler mit dem Skateboard um die Pulte kurvt, während sie vorne steht und Unterricht halten will. Als Dekorationsfigur wird sie im Klassenzimmer gerade noch toleriert, einen wirklichen Einfluß auf die Schüler und Schülerinnen hat sie kaum. Nach dem Vorfall mit dem Armbruch begann einen Elterngruppe, Maßnahmen in der Schule zu fordern; einzelne Eltern verlangten die Absetzung der Lehrerin.

Ein krasser Fall. Wie konnte es soweit kommen? Gespräche mit der Schulbehörde und der Lehrerin ergeben, daß diese Klasse häufige Lehrerwechsel erlebt hat: Innerhalb von zwei Jahren wurde sie von sechs verschiedenen Lehrern und Lehrerinnen unterrichtet. Einige dieser Lehrer waren nicht sehr fähig, andere jedoch durchaus kompetent. Dieser häufige Lehrerwechsel hatte zur Folge, daß sich die Klasse nicht mehr auf eine Lehrperson einstimmen wollte, da sie erwartete, die Lehrerin oder der Lehrer gehe sowieso bald wieder. Je früher man sie oder ihn loswurde, desto besser. Die Klasse baute sich in der Ablehnung der Lehrer eine negative Identität auf, in der sie sich stark fühlte und als Gruppe erlebte. Lehrer »abknallen« war das Ziel dieser Klasse.

Die Lehrerin ihrerseits hatte gerade ihr Referendariat abgeschlossen, und diese fünfte Klasse war ihre erste Stelle. Begeistert von Werkunterricht, Gruppenunterricht und individualisiertem pädagogischem Wirken, richtete sie das Schulzimmer dezentral ein und forderte die Schüler und Schülerinnen auf, autonom zu arbeiten. Sie präsentierte sich als Lernbegleiterin. Es widerstrebte ihr, vor der Klasse autoritär aufzutreten. Sie sah sich als ältere Freundin. Der Klasse war diese Lehrerin sympathisch, die Kinder wollten sich jedoch nicht mit ihr einlassen aus Angst, sie wieder zu verlieren. Die Angst vor der Trennung führte dazu, daß die Klasse nicht kooperierte. Sie wurde von einer negativen Dynamik erfaßt, aus der sie sich nicht mehr befreien konnte. Lehrerin und Klasse waren in der Falle.

Der Vorfall mit dem Armbruch brachte das Faß zum Überlaufen. Zu allem Unglück geschah dieser Unfall während einer Schulstunde, was allgemeines Kopfschütteln auslöste. Die Lehrerin wollte Projektunterricht durchführen, und dafür hatte sie das Schulzimmer unterteilt. Eine Gruppe arbeitete hinter einer Kastenwand. Sie beschloß, statt sich dem Thema zu widmen, aus dem Fenster zu steigen. Als ein Mädchen zögerte, stießen die Jungen sie ins Freie.

Aus dieser Situation heraus erfolgte der Hilfeschrei nach Krisenintervention. Typisch an diesem Fall ist die lange Vorgeschichte der Klasse und ihrer Lehrerin. Der gewalttätige Vorfall muß im Zusammenhang mit der Vergangenheit, der Persönlichkeit der Lehrerin und der Klassendynamik gesehen werden. Gewalt in der Schule erfolgt vielfach nicht aus heiterem Himmel, sondern ist das Resultat einer ungünstigen Entwicklung, die durch mehrere Faktoren verursacht wurde.

Die meisten Interventionen werden durch den Lehrer oder die Lehrerin veranlaßt. Durchsetzungsschwierigkeiten, Gewaltvorfälle, Spannungen mit Eltern oder Vorfälle im Schulareal veranlassen Lehrer und Lehrerinnen, Hilfe von außen zu suchen. Ausgangspunkt einer Krisenintervention ist das Gefühl der betreffenden Lehrer und Lehrerinnen, die Situation nicht mehr zu meistern, oder der Eindruck, daß die Schüler unter den Gewalttätigkeiten leiden. Wann eine Krisenintervention nötig ist, wird nicht nach objektiven Kriterien bestimmt, sondern liegt im Ermessen der betreffenden Lehrer und Lehrerinnen.

Kriseninterventionen werden aber oft auch durch die Schulbehörde angeregt. Treten gehäuft Klagen von Eltern über Vorfälle in der Schule auf, liegt ein negativer Schulbericht vor oder gibt es andere Anzeichen dafür, daß ein geordneter Schulbetrieb nicht mehr gewährleistet ist, kann die Schulbehörde eine Intervention anregen. Als erstes muß sie die Zustimmung der betreffenden Lehrperson einholen. Eine Intervention hat nur Aussicht auf Erfolg, wenn diese aktiv mitmacht. Liegt die Zustimmung vor, kann die Schulbehörde zusammen mit dem Lehrer eine Intervention veranlassen.

Seltener werden Interventionen von Elterngruppen verlangt. Eltern werden am ehesten aktiv, wenn Behörde oder Lehrerschaft versuchen, die Schwierigkeiten zu verharmlosen, und die Anliegen der Eltern nicht ernst nehmen. Wenn die Eltern eine Intervention verlangen, kann dies ein Zeichen dafür sein, daß der Dialog zwischen Lehrern und Eltern nicht funktioniert. Die Lehrer verschanzen sich hinter Formalismen, weigern sich, die Eltern richtig über die Klasse zu informieren, oder ergreifen wenig plausible Maßnahmen gegen einzelne Schüler. Ein solches Verhalten wird von den Eltern genau registriert und ruft oft Wut hervor. Eine Front bildet sich, an der beide Seiten sich gegenseitig mit Vorwürfen bombardieren.

Ob die Schulbehörde, die Lehrer oder eine Elterngruppe Hilfe suchen, ist für die Intervention nicht von Belang. Wer immer auch die Intervention verlangt, die Vorgehensweise bleibt dieselbe. Es werden keine Aufträge von der Lehrerschaft, der Schulbehörde oder einer Elterngruppe angenommen, denn Gewalt ist eine gemeinsame Herausforderung. Alle Parteien sind aufgerufen, ihren Beitrag zur Bewältigung des Problems zu leisten, von Schuldzuweisungen abzusehen und den Blick auf mögliche Lösungswege zu richten. Es geht nicht darum, schwierige Schüler zu identifizieren und allenfalls aus der Schule zu relegieren oder einen Lehrer unter die Fittiche zu nehmen, sondern die schulinternen Ressourcen zu wecken, durch die sich die Situation beruhigen kann. Die Krisenintervention ist kein chirurgischer Eingriff, durch den das Übel herausoperiert wird, sondern der Versuch, durch einen Impuls von außen neue Kräfte bei Eltern, Lehrern, Behörde und Schülern zu mobilisieren.

Die Frage ist nicht, wer die Schuld an den Vorfällen trägt, sondern was im eigenen Handlungsspielraum und dank der eigenen Position dagegen unternommen werden kann.

Das Schulddenken abzulegen ist oft nicht einfach, da wir schnell bereit sind, Schuldige zu suchen und zu finden: In unserer Schule sind es die Homeboys, die von außen das Klima beeinflussen, meint ein Schulvorsteher dezidiert. Eine Elterngruppe beschwert sich: Diese Lehrerin hat schon seit Jahren einen einwöchigen Klassenausflug versprochen, und dieses uneingelöste Versprechen ist der Grund für die Rebellion der Klasse! Oder: Wir wissen, daß zwei Jungen die Anführer sind. Sie müssen rausgenommen werden, dann wird sich alles beruhigen. Außengruppierungen wirken sich auf das Schulterritorium aus, einzelne Kinder fallen durch ein vermehrtes Aggressionspotential auf, und Lehrer verursachen durch unsensibles oder ungeschicktes Vorgehen Gewaltausbrüche. Die Zusammenhänge, die Eltern, Schulbehörde oder Lehrer sehen, enthalten oft einen wahren Kern. Im Rahmen einer Krisenintervention konzentrieren wir uns jedoch nicht auf diese Zusammenhänge und Ursachen, sondern gehen ressourcenorientiert vor und suchen erst in zweiter Linie nach Gründen. Die Lähmung, die durch die gegenseitige Schuldzuweisung entstanden ist, soll überwunden werden.

»Alles oder nichts« heißt der nächste Grundsatz einer Krisenintervention. Mit »alles« sind die sieben Schritte der Intervention gemeint: Lehrergespräch, Schulbesuche, Elternabend, Mythodrama, Lehrerbegleitung, Schlußintervention und Abschlußabend. Alle sieben Punkte müssen von den beteiligten Parteien angenommen werden; einzelne Maßnahmen werden nicht aus dem Interventionspaket herausgelöst und für sich allein durchgeführt. Es ist zum Beispiel nicht möglich, nur einen Elterninformationsabend durchzuführen oder lediglich mit der Klasse zu arbeiten. Wenn eine Krisenintervention erfolgen soll, so müssen alle involvierten Parteien – Lehrer, Behörde und Eltern – bereit sein, alle sieben Punkte zu unterstützen. Gemäß dem Alles-oder-nichts-Prinzip beginnt eine Intervention nur, wenn das Gesamtpaket akzeptiert wird.

Das Alles-oder-nichts-Prinzip ist wichtig, da sich sonst eine Partei leicht aus der Verantwortung stehlen kann. Die Behörde zum Beispiel organisiert einen Informationsabend, an dem über den Einfluß der Medien und der Jugendszene lamentiert wird, während man vor den Vorfällen in der Schule die Augen verschließt. Oder ein Lehrer wünscht, daß wir mit der Klasse arbeiten, das Mythodrama durchführen, ist aber nicht bereit, in Lehrergesprächen seinen eigenen Anteil zu reflektieren.

Wenn nur ein Punkt der Krisenintervention ausgeführt wird, besteht die Gefahr, daß der Anteil einer Partei nicht erkannt wird und sich weiterhin gewaltfördernd auswirkt. Eine Krisenintervention hat nur Aussicht auf Erfolg, wenn alle sieben Schritte durchgeführt werden.

Auf den nächsten Seiten werden diese sieben Punkte dargestellt. Einerseits wird erläutert, welches das Ziel des entsprechenden Arbeitsschrittes ist, andererseits werden unsere Erfahrungen reflektiert. Das Sieben-Punkte-Programm findet vor allem in der Primarstufe, von der zweiten bis zur sechsten Klasse, Anwendung. Für die Oberstufe oder die Mittelschulen wird das Programm leicht abgeändert.

Das Lehrergespräch

Der erste Schritt einer Krisenintervention ist das Lehrergespräch. Ziel dieses Gespräches ist es, dem Lehrer zu helfen, seine Arbeit zu reflektieren und seinen pädagogischen Ansatz zu reevaluieren. Im Gespräch mit dem Kriseninterventionsleiter soll der Lehrer seine Schulgeschichte, seine Sicht der Klasse, seine Wahrnehmung der schwierigen Schüler, die Elternarbeit und seine grundsätzliche Einstellung zur Schule thematisieren. Alles, was er als Lehrer in den Schulbetrieb einbringt, muß in diesen Gesprächen betrachtet werden. Es gilt, auch die persönlichen Voraussetzungen des Lehrers oder der Lehrerin zu verbalisieren. Oft ist es so, daß er oder sie bereits mit einer langen, belastenden Vorgeschichte vor die Klasse tritt: Bei einem Lehrer wurde rasch klar, daß ihn ein Autoritätsproblem blockierte. Als Sohn eines sehr autoritären Vaters hatte er schon früh gegen Anordnungen von oben rebelliert. Autoritäten machten ihm immer große Mühe, sei es in der Schule oder im Staat. Dem Militärdienst entzog er sich, und mit dem Vater lag er im Streit. Dieser Autoritätskomplex wirkte sich auch auf seinen Unterricht aus: Es gelang ihm nicht, der Klasse als Autorität gegenüberzutreten. Seine persönliche Vorgeschichte hinderte ihn auch daran, sich beim Thema Gewalt dezidiert durchzusetzen. Er versuchte, das Gewaltproblem über neue Ideen, Gespräche oder Betroffenheit zu lösen, versäumte jedoch, seiner Klasse seine Einstellung mitzuteilen. Diese persönliche Vorgeschichte mußte reflektiert werden, damit ein neuer Ansatz in der Schulklasse gefunden werden konnte.

Bei einer Lehrerin zeigte sich im Lauf des Lehrergesprächs, daß sie durch striktes, autoritäres Vorgehen eine eigene bevorstehende Depression abzuwehren versuchte. Als Tochter einer psychotischen Mutter und eines alkoholsüchtigen Vaters gelang es ihr nur dank immenser persönlicher Anstrengung, eine intakte Persönlichkeitsstruktur zu entwickeln. Mit sich selbst mußte sie streng sein, damit ihre Schattenseiten nicht durchbrachen. Diese persönliche Vorgeschichte hatte zur Folge, daß sie bei Gewaltvorfällen in ihrer Klasse übermäßig streng reagierte. Sie erließ drastische Strafen und lehnte die identifizierbaren Gewalttäter ab. Dieses Vorgehen war für die Klasse kontraproduktiv, da die Schüler und Schülerinnen merkten, daß ihre Lehrerin ein persönliches Problem abhandelte.

Die Klasse rebellierte. Einzelne Schüler litten unter dem herrschenden Klima. So berichtete die Mutter einer Schülerin, daß ihre Tochter am Abend zittere, wenn sie an die Schule denke. Im Lehrergespräch wurde diese persönliche Vorgeschichte der Lehrerin durchdiskutiert.

Neben der persönlichen Vorgeschichte werden die Vorstellungen beim Einstieg in den Lehrerberuf betrachtet. Wieso hat er oder sie diesen Beruf gewählt? Welches sind die Motive? Bei jüngeren Lehrerinnen und Lehrern zeigt sich, daß hinter ihrem Entschluß oft die Vorstellung des »reinen« Kindes steht, sie sich an einem idealisierten Bild vom Kind orientieren. Die Kinderwelt betrachten sie als ein unverdorbenes Territorium. Gemäß dieser Einstiegsvorstellung haben die Kinder keinen Schatten, sondern streben nur nach dem Guten. Wenn sie mißmutig, aggressiv oder gemein sind, so sind dafür die Eltern, die Umwelt oder die Gesellschaft an sich verantwortlich. Gewalt wird bei dieser Einstiegsvorstellung externalisiert. Letztlich projizieren diese Lehrer und Lehrerinnen das göttliche Kind auf ihre Schüler. Sie erwarten von den Kindern, daß *sie*, die Hoffnungsträger der Gesellschaft, die Welt verändern. Dabei wird der Schatten der Kinder übersehen. Wenn ein Mädchen regelmäßig seinen Banknachbarn quält, ihm ins Gesicht spuckt und mit der Schere in den Handrücken schneidet, so macht sich eine maßlose Enttäuschung breit. Wenn sich die Kinder nicht der projizierten Reinheit entsprechend verhalten, beginnen sich diese Lehrkräfte innerlich von ihnen abzuwenden und sind enttäuscht, weil Kinder nicht bessere Menschen sind als Erwachsene.

Eine andere häufige Einstiegsvorstellung ist die Hoffnung, durch den Lehrerberuf die eigene Kindheit zu verlängern. Vielleicht aus Angst vor der Erwachsenenwelt und davor, in der Gesellschaft bestehen zu müssen, wendet man sich Kindern zu. Diese Lehrer und Lehrerinnen erwarten, daß Kinder sie vor der Erwachsenenwelt schützen. Sie suchen die Arbeit mit Kindern, weil sie Politik und Wirtschaft als schmutzig und brutal erleben. Statt am Geschehen dieser grausamen Welt mitzumachen, suchen sie die sinnvolle Arbeit mit der zukünftigen Generation. Das Problem auch dieser Einstiegsvorstellung ist, daß für Gewalt und Aggression kein Platz vorhanden ist. Wird ein Schüler die Treppe hinuntergeworfen oder tauchen Waffen im Schulzimmer auf, so reagieren diese Lehrer mit tiefer Verunsicherung und großer Betroffenheit: Die böse Welt der

Erwachsenen bricht in die Kinderwelt ein. Sie sind oft wie gelähmt, da sie sich nun doch den existentiellen Herausforderungen der Gesellschaft stellen müssen.

Ein weiteres Thema des Lehrergesprächs ist die Geschichte der Klasse. Es geht dabei weniger um die objektive Geschichte, sondern um diejenigen Ereignisse und Vorfälle, die vom Lehrer und von der Klasse als bedeutsam betrachtet werden. Jede Klasse hat eine eigene Biographie. Zu dieser Geschichte gehört auch der Ruf der Klasse. Klassen mit häufigem Lehrerwechsel haben zum Beispiel oft den Ruf, Lehrer »abzuknallen«. Ein solcher Ruf beeinflußt die Erwartungshaltung des Lehrers, wenn er die Klasse übernimmt.

In einer Klasse entschloß sich der Lehrer schon am Anfang, klar und direkt seinen Tarif durchzugeben. Er glaubte, durch Forderungen die Klasse in den Griff bekommen zu können. Die Schüler und Schülerinnen lehnten sich dagegen auf und begannen, die Stunden zu schwänzen. Im Rahmen einer self-fulfilling prophecy verhielt sich die Klasse entsprechend den Erwartungen des Lehrers. Im Lehrergespräch zeigte sich, daß der Lehrer sein pädagogisches Wirken auf die Geschichte und den Ruf der Klasse, nicht auf seinen persönlichen Eindruck hin ausgerichtet hatte.

Natürlich gehört zum Lehrergespräch, daß über einzelne Schüler und Schülerinnen gesprochen wird. Die Krisenintervention kann nur beginnen, wenn vorher ein genaues Bild der Klasse entworfen wurde. Welches sind die zurückhaltenden Kinder, die folgsamen und die schwierigen? Das Verhalten der einzelnen Schüler und Schülerinnen wird aus der Perspektive des Lehrers betrachtet.

Wichtig ist dabei, daß der Lehrer oder die Lehrerin auch negativen Gefühlen und Vorstellungen freien Lauf läßt: Regt sie oder ihn ein Schüler auf, so darf dies im Rahmen dieses Gesprächs geäußert werden. Ziel des Lehrergesprächs ist nicht eine objektive Analyse, sondern die Bewußtwerdung der eigenen Emotionen den Kindern gegenüber.

Weiterhin müssen im Lehrergespräch die eigenen didaktischen Vorstellungen und pädagogischen Leitbilder zur Sprache kommen. Wie will der Lehrer unterrichten? Möchte er einen gruppenorientierten Unterricht, schwebt ihm ein Werkstattunterricht vor, oder zieht er Frontalunterricht vor? Viele Lehrer identifizieren sich mit einem bestimmten pädagogisch-didaktischen Modell. Auf einem Seminar oder Lehrerfortbildungskurs hören sie von einem pädagogischen Ansatz, der sie überzeugt und den sie auf den Unterricht übertragen wollen. Leider lassen sich diese pädagogischen Leitbilder oft nicht ohne weiteres realisieren: Der Gruppenunterricht artet in Chaos aus, und als Resultat des Werkstattunterrichts hat am Ende der Woche nur ein Drittel der Schüler die Aufgaben erledigt. Diese Diskrepanz zwischen praktischem Unterricht und pädagogischen Leitvorstellungen ist für den Lehrer schmerzlich.

Die Reflexion über die eigene didaktische Ausrichtung ist wichtig, da viele Lehrer von der Vorstellung ausgehen, daß es den besten Unterrichtsstil an sich gebe. Sie suchen das Heil in der Didaktik und hoffen bei Schwierigkeiten auf einen noch besseren didaktischen Trick, durch den sich die Probleme lösen lassen. Ihre Aufmerksamkeit konzentriert sich auf die Technik, und sie glauben, daß das Gelingen des Unterrichts vor allem von der Didaktik abhänge: Es muß eine Didaktik geben, mittels derer es gelingt, die Klasse zu begeistern!

Dieser Glaube geht auch von der Vorstellung aus, daß es so etwas wie eine Klasse an sich gebe. Die Klasse wird als eigenständige Größe angesehen, und der Unterricht richtet sich nach der Fiktion »Klasse«. Ein Vergleich der verschiedenen Klassen zeigt aber rasch, daß es die Klasse an sich gar nicht gibt. Der Lehrer steht immer vor einer *speziellen* Schülergruppe; Klassen unterscheiden sich stark voneinander. Im Unterricht geht es darum, die Eigenarten dieser spezifischen Klasse zu erfassen. Handelt es sich um eine introvertierte, dynamische, fahrige oder fordernde Klasse? Wie sieht ihr Profil aus? Es gibt nur die *einzelne* Klasse, die Klasse *an sich* ist jedoch eine Fiktion. Es geht also nicht an, von dem besten pädagogischen Stil zu sprechen, ohne die jeweilige Klasse im Auge zu behalten, denn was für eine Klasse gut ist, versagt bei einer anderen. Die Didaktik ist in Auseinandersetzung mit der jeweiligen Klasse zu entwickeln: Während eine Klasse viel Frontalunterricht braucht, damit sich die Schüler über den Lehrer in die Gruppe einstimmen können, ist bei einer anderen Klasse Werkstattunterricht angebracht.

Wichtig für den Lehrer ist es, herauszufinden, welcher Stil zu seiner Klasse paßt, und diesen Stil seinen persönlichen Möglichkeiten und Präferenzen entsprechend zu entwickeln. Für neu in den Schulunterricht eintretende Lehrer oder Lehrerinnen ist dies ein langdauernder Prozeß. Leider ist es so, daß in Seminaren oft ein bestimmtes didaktisch-pädagogisches Credo verkündet wird, für das sich die angehenden Lehrer während der Ausbildung begeistern. Die Individualität der Klasse oder Schülergruppe wird dabei selten angemessen berücksichtigt. In der Praxis erleiden die jungen Lehrer und Lehrerinnen oft Schiffbruch, weil sie auf das vorgepredigte Leitbild fixiert sind und das psychologische Profil der Klasse nicht genügend studiert haben. Der Lehrer oder die Lehrerin sollte in den ersten paar Wochen den Blick auf dieses Thema richten und nicht mit einem wohlvorbereiteten Programm beginnen. Um eine psychologische Diagnose der Klasse zu finden, sollte der Lehrer die Klasse nicht mit einem riesigen Programm empfangen, sondern mit einem neugierigen Blick, der die Komplexe, Ressourcen, Schattenseiten und Potentiale dieser Schülergruppe zu erkennen versucht.

Im Lehrergespräch werden auch die Schattenseiten des Lehrerberufs thematisiert. Hat man die Nase voll? Ist man verbittert? Bei älteren Lehrern zeigt sich oft, daß sie das Gefühl haben, mit der neuen Generation nicht mehr in Beziehung treten zu können. Sie merken, daß sie sich nicht mehr als dynamische Junglehrer präsentieren können, und beginnen an sich zu zweifeln. Gewalt und Aggressionen in der Schulklasse lösen bei diesen Lehrern eine große persönliche Krise aus. Habe ich noch genügend Energie? Gehöre ich bereits zum alten Eisen? Diese Lehrer oder Lehrerinnen zählen die Schuljahre bis zur Pension.

Unsere Kriseninterventionen haben gezeigt, daß der mangelnde Bezug zur Klasse oft nur vordergründig das Problem ist. Zwar haben die Lehrer das Gefühl, ausgebrannt zu werden, doch in Wirklichkeit hatten sie nur das Pech, eine schwierige Klasse zugeteilt bekommen zu haben, nachdem sie drei problemlose Klassen unterrichtet hatten. Sie registrieren bei sich dann ein burn out und sehen nicht, daß die betreffende Klasse objektiv schwieriger zu unterrichten ist als die vorhergehende.

Zum Schattenbereich des Lehrerberufes gehören natürlich die Vorwürfe der Schüler. Bei seiner Arbeit mit der Klasse hört das Kriseninterventionsteam Kritik am Lehrer. Diese Anschuldigungen werden im Lehrergespräch vom Kriseninterventionsleiter vorgebracht, der Lehrer wird mit den Meinungen seiner Klasse konfrontiert: Die Schüler werfen Ihnen vor, daß Sie jeden Morgen mit einem mißmutigen Gesicht die Klasse begrüßen! Die Schüler kritisieren, daß Sie sich bei den schwierigen Kindern nicht durchsetzen können! Es ist wichtig, daß diesen unangenehmen, peinlichen, oft persönlich verletzenden Vorwürfen nicht ausgewichen wird. So hatte eine Klasse gemerkt, daß die Lehrerin vorgab, einen Freund zu haben. Die Kinder spürten, daß sie belogen wurden. Sie verfaßten daraufhin einen Brief, in dem sie die Lehrerin als Lesbe bezeichneten und ihr unterschoben, sie dränge sich den Mädchen mit sexuellen Absichten auf. Diese Anschuldigung der Klasse traf die Lehrerin natürlich tief. Im Lehrergespräch mußte darum das Thema Sexualität im Klassenzimmer aufgegriffen werden.

Bevor das Lehrergespräch mit dem Kriseninterventionsleiter beginnt, wird die Form des Dialogs verabredet. Der Kriseninterventionsleiter präsentiert sich als Advocatus diaboli: Er spielt des Teufels Anwalt, konzentriert sich bewußt auf den Schatten, das Unangenehme, und versucht, Tabus zu durchbrechen, in der Absicht, den Lehrer zu stärken, indem so Schwächen aufgearbeitet werden können. Es geht nicht darum, den Lehrer fertigzumachen oder hyperkritisch zu sein, sondern verdrängte Themen, denen der Lehrer oder die Lehrerin ausweichen möchte, ans Licht zu bringen. Welche Schlußfolgerungen gezogen werden, ist dem Lehrer überlassen. Der Kriseninterventionsleiter versteht seine Gedanken und seine Kritik nicht als objektive Wahrheit, sondern als Impuls für die Arbeit der Lehrers. Dieser entscheidet, ob und welche pädagogischen Konsequenzen er daraus ziehen will.

Wenn diese Form der Zusammenarbeit vorher erklärt und abgemacht wird, ist es für den Lehrer oder die Lehrerin bedeutend einfacher, Kritik zu ertragen und als Anregung, seinen Unterrichtsstil zu überdenken, zu verstehen.

Die Dauer der Lehrergespräche sind unterschiedlich. In der Regel werden drei bis vier Sitzungen durchgeführt. Wichtig ist, daß die Lehrergespräche in einem neutralen Raum stattfinden. Meistens sind dies die Praxisräume des Schulpsychologen oder Erziehungsberaters, der die Krisenintervention leitet.

Integraler Teil jeder Krisenintervention ist die Mitarbeit der Eltern. Eine Krisenintervention hat nur Aussicht auf Erfolg, wenn die Eltern die Arbeit der Psychologen und des Lehrers verbal, emotional und konkret unterstützen. Die Eindämmung der Gewalt an der Schule ist nur dort möglich, wo ein gemeinsamer Wille herrscht. Boykottieren die Eltern die Bemühungen des Psychologen und mokieren sie sich über die »Psychospiele«, die veranstaltet werden sollen, so überträgt sich diese Einstellung auf die Kinder oder Jugendlichen. Auch sie werden skeptisch und glauben nicht an den Erfolg.

Die Unterstützung der Eltern zu gewinnen ist nicht einfach. Das Leiden des eigenen Kindes geht nicht spurlos an ihnen vorbei, und oft bleibt ein Gefühl der Verbitterung oder der Wunsch nach Rache. Schwierig ist die Situation auch für Eltern, deren Kinder als Täter gelten. Immer wieder müssen sie von den Missetaten ihres Sohnes oder ihrer Tochter hören, oft hat bereits die Kindergärtnerin ihnen mitgeteilt, daß ihr Kind sich leider »nicht spüre«. Eltern von sogenannten Tätern wehren die Angriffe auf ihren Sohn oder ihre Tochter in der Regel ab: Die Klasse sucht nur einen Sündenbock! Mein Sohn ist nicht schuld, sondern die anderen Kinder reizen ihn so, daß er halt seinem aufbrausenden Temperament entsprechend reagiert!

Nach Vorfällen von Gewalt in Schulen entwickeln die Eltern eigene Versionen der Tatvorgänge und glauben zu wissen, welches ihre Ursachen sind. Deshalb sind sie kaum bereit, sich von einem Psychologen über die Zusammenhänge aufklären zu lassen. Meistens erwarten sie, daß die Psychologen die Klasse nach ihren Vorstellungen flicken.

Ziel des Elternabends ist es, eine mögliche Abwehrfront zu durchbrechen und die Eltern für die Mitarbeit zu gewinnen. Als erstes wird darum den Eltern erklärt, welches Modell der Krisenintervention zugrunde liegt: daß nicht nach monokausalen Erklärungen gesucht, sondern Gewalt und Aggression als Gruppenphänomen betrachtet wird, daß wir also im Rahmen einer Krisenintervention nicht Schuldige herauspicken, sondern die Klasse als eine Einheit behandeln werden. Wir wollen die positiven Gruppeneigenschaften der Klasse mobilisieren, damit sie selbst, über positive Bandeneigenschaften, Gewaltausbrüche zu verhindern lernt. Den Eltern soll durch diesen Ansatz bedeutet werden, daß nicht ihr Sohn oder ihre Tochter analysiert und therapiert, sondern die Gesamtklasse gestärkt werden soll.

Natürlich ist dieses Bild einseitig. Jeder Lehrer weiß, daß besonders aggressive oder problematische Schüler das Klima in einer Klasse vergiften können. Die Krisenintervention richtet jedoch ihren Fokus nicht auf diese problematischen Kinder, sondern konzentriert sich bewußt auf die Möglichkeiten der Klasse. Sie richtet sich an die Gruppe aus der Einsicht, daß sich das Verhalten eines problematischen Kindes nicht durch eine kurze Intervention ändern läßt. Sie hat darum zum Ziel, das Umfeld für schwierige Kinder so zu verändern, daß diese sich in der Klasse nicht mehr durchsetzen können. Ein positiver Klassengeist verhindert, daß Gewalt und Aggression überhandnehmen.

Dieser gruppenpsychologische Ansatz gibt den Eltern die Möglichkeit mitzumachen, ohne Angst, ihr Sohn oder ihre Tochter werde nun stigmatisiert und durch Psychologen pathologisiert. Niemand trägt die Schuld und muß zur Rechenschaft gezogen werden, sondern es sind die gruppendynamischen Mechanismen, die die Kinder zu Gewalt veranlaßt haben. Auch wenn sich das einzelne Kind zu Hause brav, nett, zugänglich und friedlich verhält, ist es möglich, daß es in der Schule von einer Gruppendynamik erfaßt wird, die in Gewalttaten mündet. Auch die identifizierten Täter sind oft Opfer einer negativen Dynamik innerhalb der Klasse: Beno war ein Kind, das im ganzen Dorf als »schlimmer Schüler« galt. Durch die Krisenintervention fanden wir heraus, daß die Klasse ihn gern in dieser Rolle des Täters behielt, damit sie über ihn Abrechnungen austragen konnte.

Zum Elternabend lädt der Lehrer ein bis zwei Wochen vorher schriftlich ein, wobei wichtig ist, daß möglichst alle Eltern erscheinen. Weiß der Lehrer von Eltern, daß sie nicht kommen wollen, so hilft es, wenn er sie vorher anruft und die Bedeutung des Abends unterstreicht, ihnen klarmacht, daß ihre Anwesenheit unbedingt erforderlich ist. Bei ausländischen Eltern empfiehlt es sich, daß jemand mit ihnen Kontakt aufnimmt, der ihre Sprache spricht. Schon vor dem Elternabend muß der Eindruck vermittelt werden, daß jetzt etwas Entscheidendes passiert. Die allgemeine Stimmung soll sich ändern: Nun wird etwas gegen Gewalt unternommen; gemeinsam stellen wir uns der Gewalt entgegen.

Auf dem Einladungsschreiben wird das Thema »Gewalt und Aggression in der Klasse« angekündigt, damit die Eltern wissen, worüber gesprochen werden wird. Auf dem Einladungsschreiben werden die Namen des Kriseninterventionsteams aufgeführt. Wichtig ist, daß die Krisenintervention das einzige Thema des Abends bleibt, denn bei mehreren Tagesordnungspunkten besteht die Gefahr, daß auf ein harmloseres Thema ausgewichen wird, wenn von den Vorfällen in der Klasse die Rede sein sollte.

Die Begrüßung der Eltern erfolgt durch den Lehrer. Dieser erwähnt, daß *er* das Kriseninterventionsteam herbeigerufen hat und bereit ist, auch an sich selbst zu arbeiten, seinen Anteil an der Gewalt zu reflektieren. Während der Krisenintervention wird er nicht geschont, sondern sein pädagogischer Stil wird durchleuchtet. Der Lehrer unterstützt verbal die Intervention und betont, daß sie seinen Intentionen entspricht.

Anfänglich wurde dieser Punkt von uns nicht genügend beachtet, doch belehrten uns negative Erfahrungen eines Besseren: Mit einer Lehrerin hatten wir lediglich abgemacht, daß sie die Krisenintervention vorstelle, nicht aber über das »Wie« gesprochen. Wir waren nicht schlecht erstaunt, als sie folgende Worte an die Eltern richtete: »...und hier möchte ich das psychologische Team der Erziehungsberatung vorstellen. Sie werden mit der Klasse ein psychologisches Experiment durchführen!« Uns wurde sofort klar, daß diese Intervention nicht gelingen konnte. Die Lehrerin hatte ihre Teilnahme verweigert und sah uns als Expertenteam an, das das Übel aus der Klasse entfernen sollte, ohne sie zu belästigen.

Nach der Begrüßung durch den Lehrer und eventuell ein Schulkommissionsmitglied erläutert der Gruppenleiter die Handlungstheorie und das Vorgehen. Er stellt den oben geschilderten gruppenpsychologischen Ansatz vor und erklärt den Eltern auch genau, wie an den einzelnen Nachmittagen mit den Schülern und Schülerinnen gearbeitet wird, welches unsere Erwartungen sind und wie der Lehrer miteinbezogen wird.

Im Anschluß an die Worte des Gruppenleiters erhalten die Eltern Gelegenheit, ihre Sicht der Vorfälle und des Klimas in der Schule vorzubringen. Sie sollen ihrem Ärger, ihrer Verzweiflung und ihren Erwartungen Ausdruck geben können. Während dies an vielen Elternabenden problemlos möglich ist, kann es auch vorkommen, daß die Eltern ihre Gefühle und Gedanken verbergen: Die Vorfälle sind zu schmerzlich. Wir haben erlebt, daß eisernes Schweigen herrschte, als wir die Eltern aufforderten, ihre Anliegen vorzubringen. Niemand wagte etwas zu sagen, aus Angst, dies könnte sich auf die Stellung der Tochter oder des Sohnes auswirken. In den folgenden Tagen lief dann bei uns das Telefon heiß. Mütter und Väter riefen an, um uns *nach* dem Abend über die wahren Verhältnisse in der Klasse aufzuklären.

Der Abend muß darum so gestaltet werden, daß Eltern ihre Hemmungen überwinden und sich offen äußern können. Psychologische Übungen können helfen, innere Barrieren und Ängste abzubauen. Eine Möglichkeit ist die Rollendiagnose: Nach den Erläuterungen des Gruppenleiters über die Bedeutung der Gruppe an sich werden kurz verschiedene Rollen in der Gruppe vorgestellt: der Vermittler, der Außenseiter, der Schläger und der Mitläufer. Die Eltern werden gebeten, sich an die Zeit zu erinnern, in der sie die gleiche Schulstufe wie ihr Sohn oder ihre Tochter besucht haben, und sich zu überlegen, welche der vorgestellten Rollen sie damals gespielt haben. Auf ein kleines Etikett schreiben sie dann ihre gewählte Rolle und kleben es sichtbar auf ihre Kleidung. Nun werden die Eltern in Gruppen eingeteilt. Wichtig ist, daß sich die Gruppen aus verschiedenen Rollenträgern zusammensetzen und Elternpaare nicht in derselben Gruppe sitzen. In diesen Subgruppen sollen die eigenen Erfahrungen als Schulkind in der betreffenden Klasse ausgetauscht werden: Wie war es damals, als ich die fünfte Klasse besuchte... Auf diese Weise rutschen die Eltern automatisch in eine Diskussion über die Klasse des eigenen Kindes. Der Umweg über die Kindheit ist eine Methode, eigene Ängste abzubauen. Meistens vermischen die Eltern die eigenen Schulerfahrungen mit denen ihrer Kinder.

Das Ziel der Aussprache mit den Eltern ist es, daß diese wissen, wie wir mit der Klasse arbeiten, und daß die Kriseninterventionsleiter über die Anliegen der Eltern informiert sind, alles erfahren, was ihnen auf dem Herzen liegt. Dazu gehören Vorfälle auf dem Schulweg, im Dorf, während der Freizeit sowie auf dem Pausenhof.

Bei einem Elternabend stellte sich heraus, daß eine Schülergruppe auf dem Schulweg regelmäßig den Mädchen auflauerte und Kußattacken lancierte: Die Jungen stürzten sich jeweils auf ein Mädchen und küßten ihr Gesicht. Bei einem anderen Elternabend erfuhren wir, daß die Kinder zu Hause bestimmte Klassenkameraden bezichtigten, sie zu Gewalttätigkeiten anzustiften. Die Schuld trugen immer die anderen...

Oft haben die Eltern auch den Lehrer oder die Lehrerin im Visier: Der Unterrichtsstil wird kritisiert, oder Maßnahmen wie mehr Sanktionen, mehr Gruppenunterricht oder ein härteres Durchgreifen werden gefordert. Bei einer Krisenintervention wurde bemängelt, daß der Lehrer nicht mit den Eltern spreche. Die Eltern hatten den Eindruck, der Lehrer verschanze sich und sei für sie emotional nicht greifbar. Der Lehrer selbst hatte jedoch das Gefühl, die Eltern seien gar nicht an Elternarbeit interessiert.

Am Schluß dieser Aussprache herrscht meist Konsens darüber, daß nun endlich etwas unternommen werden müsse: Die Brutalitäten müssen aufhören. Die Forderungen können sich direkt und ultimativ an den Lehrer oder das Kriseninterventionsteam richten. Warum seid ihr erst jetzt hier? Was gedenkt ihr zu tun?

Der Leiter der Krisenintervention muß den Ball zurückgeben. Er betont, daß die Arbeit mit Klasse und Lehrer nur beginnt, wenn die Eltern sie aktiv unterstützen. Die Eltern müssen als Gesamtgruppe mit der Krisenintervention einverstanden sein und sie mittragen. Nur so können und werden wir als Psychologen mit der Arbeit beginnen. Die deutliche Unterstützung der Eltern ist wichtig, weil sich andernfalls rasch das Gefühl verbreiten kann: »Nützt's nichts, schadet's nichts!« Auch können die Eltern eine Konsumhaltung einnehmen und von den Psychologen fordern, daß sie das Problem lösen: Die Fachleute sollen sich der Gewalt annehmen! Der Leiter der Krisenintervention muß dem zuvorkommen und betonen, daß Gewalt und Aggression gemeinsam angegangen werden, daß ohne die Unterstützung der Eltern keine Krisenintervention erfolgt und das Team der Krisenintervention sich zurückzieht. Die Eltern werden vor die Wahl gestellt: Entweder aktive Unterstützung, oder die Intervention wird abgeblasen.

Mitarbeit an der Krisenintervention bedeutet, daß die Eltern zu Hause mit ihren Kindern über Gewalt und Aggression im Alltag sprechen. Sie sollen die Kinder nicht zwingen, Geheimnisse zu verraten, sondern das Gefühl vermitteln, daß nun etwas getan werde. Wichtig ist, daß sie sich selbst und ihre Kinder für das Thema Gewalt sensibilisieren. Die Eltern sollen jedoch nicht nur über Gewalt mit den Kindern sprechen, sondern auch die Möglichkeiten der Krisenintervention unterstreichen.

Unterstützung heißt auch, daß die Kriseninterventionsleiter über Vorfälle informiert werden. Die Eltern sollen den Psychologen oder den Lehrer anrufen, wenn ihnen bei ihrer Tochter oder ihrem Sohn etwas auffällt und sie über Informationen verfügen, die für das Kriseninterventionsteam wichtig sein könnten.

Durch dieses Vorgehen soll eine magische Erwartungshaltung kreiert werden: Im Sinne einer self-fulfilling prophecy gilt es, bei Eltern und Kindern das Gefühl zu wecken, daß es nun wirklich besser wird, daß man tatsächlich etwas unternehmen kann. Die Lähmung, die oft nach gewalttätigen Vorfällen herrscht, muß überwunden werden. Die Kinder sollen die Krisenintervention als Zäsur in ihrem Schulalltag erleben.

Meistens stimmen alle Eltern zu. Es kann jedoch vorkommen, daß ein oder zwei Elternpaare skeptisch bleiben. Es ist dann am Kriseninterventionsteam, zu entscheiden, ob die Arbeit trotzdem begonnen werden soll. Oft hat sich nachträglich gezeigt, daß ein Kind skeptischer Eltern auf deren Haltung reagierte und größte Schwierigkeiten bereitete. Es empfand die »Psychospiele« als blöd oder verweigerte die Mitarbeit.

Schulbesuche

Damit sie die konkrete Arbeit planen und mit der eigentlichen Krisenintervention beginnen können, brauchen die Kriseninterventionsleiter Informationen über die Schule und ihre Umgebung und müssen einen persönlichen Eindruck von der Klasse gewinnen. Ein Mitglied des Kriseninterventionsteams besucht zu diesem Zweck eine oder mehrere Schulstunden sowie das Lehrerzimmer und beobachtet kurz das Geschehen auf dem Pausenhof.

Als erstes gilt es, sich einen allgemeinen Eindruck von der Schule zu verschaffen: Wie werden die Schüler und Schülerinnen empfangen? Wirkt das Schulgelände einladend oder abweisend? In einer Berner Schule prangt am Eingang deutlich die Hausordnung: Kommen die Kinder am Morgen zur Schule, so werden sie als erstes daran erinnert, daß das Schulhaus nicht frühzeitig betreten werden darf, Kaugummis verboten sind, sie beim zweiten Glockenschlag an den Pulten sitzen müssen etc. Während in der einen Schule die Gänge teilweise durch die Schüler gestaltet sind, stehen in einem anderen überall Büsten wichtiger Männer. Fühlt sich ein Kind wohl in solchen Gängen?

Das Mitglied des Kriseninterventionsteams macht sich auch ein Bild von der Gestaltung des Klassenzimmers. Zu was fordert der Raum auf? Sind immer drei Pulte so zusammengestellt, daß die Schüler sich gegenseitig anblicken, oder wurde die klassische Bankanordnung gewählt? Fördert die Einrichtung des Klassenzimmers Gruppenarbeit, oder drängt sich eher der Frontalunterricht auf?

Ein Schulzimmer imponierte durch seine Gemütlichkeit. Von zu Hause hatte die Lehrerin ein Sofa angeschleppt und hinter den Pulten eine gemütliche Ecke eingerichtet. Jeweils einem Schüler war es erlaubt, sich dort zu entspannen. Durch diese Wohnzimmeratmosphäre hoffte die Lehrerin, die Gewaltvorfälle einzudämmen. Die Atmosphäre im Schulzimmer hatte sich denn auch deutlich verbessert. Leider mußte sie nach den Sommerferien feststellen, daß das Sofa und von ihr mitgebrachte Stühle entfernt worden waren. Der Hausmeister hatte in Absprache mit der Schulbehörde diese »schulfremden« Gegenstände entfernt und fortgeworfen.

Neben der Einrichtung des Klassenzimmers soll der besuchende Gruppenleiter auch die Arbeiten der Klasse anschauen. Dabei werden nicht die Leistungen beurteilt, sondern ein Einblick in das Seelenleben der Klasse soll gewonnen werden. Der Gruppenleiter versucht, etwas von der Stimmung in der Klasse zu erfahren.

In einer sechsten Klasse fiel auf, daß bei einem Aufsatz mit freier Themenwahl über die Hälfte der Klasse von Krieg, Kampf und Aggressionen geschrieben hatte. In ihren Aufsätzen ließen die Schüler Menschen köpfen und Autos in die Luft sprengen. Schüler und Schülerinnen, die sich sonst brav verhielten, inszenierten in ihren Aufsätzen schreckliche Szenen. Für den Gruppenleiter war dies ein Hinweis auf den Versuch der Klasse, sich mit dem Schatten auseinanderzusetzen. Er betrachtete dies als einen Appell der Kinder, ihnen zu helfen, sich den gräßlichen Seiten des Lebens zu stellen.

Neben den Aufsätzen sind Zeichnungen aufschlußreich. Wie stellen sich die Schüler oder Schülerinnen selbst dar? Welche Gestalt geben sie sich? Hier fiel in einer anderen Klasse auf, daß viele Kinder sich auf ihren Zeichnungen einmauerten. Eine Schülerin stellte sich im ersten Stock eines Hauses dar, eine andere stand auf einem Berg, umgeben von einem Wald, während ein dritter Schüler sich auf einem Turm ohne Treppenzugang befand. Diese Kinder fühlten sich bedroht.

Natürlich visitiert der Gruppenleiter auch eine Schulstunde. Meistens wird eine Randstunde gewählt und ein Fach, bei dem die Schüler selbständig arbeiten. Der Gruppenleiter sucht nach gruppendynamischen Mustern in der Klasse. Sind Klassenleader erkennbar? Gibt es Subgruppen? Sind Spannungen spürbar? Der Gruppenleiter versucht, nach den Thesen, die er aufgrund der Gespräche mit dem Lehrer bilden konnte, in die Klasse hineinzusehen. Er muß sich ein Bild machen von der Qualität der Beziehung unter den Schülern, der Machtverteilung und vom Kommunikationsstil.

In einer Klasse fiel auf, daß sich Schüler und Schülerinnen immer wieder hänselten. Im Vorbeigehen streckten sie sich gegenseitig kurz die Zunge heraus, zerbrachen einen Bleistift oder flüsterten ein freches Wort. Viele Schüler ließen sich dadurch provozieren und reagierten mit Gegenmaßnahmen. Die kleinen Provokationen wurden zur Art und Weise, wie man miteinander kommunizierte: Gefühle wurden mitgeteilt, indem man frech war.

Neben dem Verhalten der Klasse beobachtet das Mitglied des Kriseninterventionsteams den pädagogischen Stil des Lehrers oder der Lehrerin. Wie wird die Klasse begrüßt? Wie spricht er oder sie mit der Klasse? Kann er oder sie sich den Schülern gegenüber durchsetzen? Strahlt die Lehrerperson einen gewissen Optimismus aus, oder wirkt sie deprimiert? Hier zeigen sich große Unterschiede. Während es Lehrer gibt, die eine Schulwoche mit den Worten beginnen: »Schlagt das Rechenbuch auf Seite 40 auf!«, singen andere zuerst mit der Klasse ein Lied oder erzählen eine Geschichte. Es gibt Lehrer, die mit einer phantasievollen Einstimmung beginnen, während andere direkt mit dem Unterricht anfangen. Zum pädagogischen Stil gehört auch, wie der Lehrer oder die Lehrerin auf spontane Fragen und Bedürfnisse der Kinder reagiert. Eine Drittkläßlerin hatte sich am Handgelenk verletzt. Sie trug einen farbigen Verband und saß ein bißchen wehleidig an ihrem Pult. Als die Lehrerin den Verband sah, meinte sie nur kurz: »... und dieses farbige Zeug kannst du gleich abnehmen!«

Zum Schulbesuch gehört auch der Besuch des Lehrerzimmers. Zusammen mit dem Lehrer oder der Lehrerin kehrt das Kriseninterventionsmitglied kurz im Lehrerzimmer ein. Es versucht, sich auch hier einen kurzen Eindruck zu verschaffen: Wie sprechen die Lehrer miteinander? Worüber sprechen sie? Wie wird der Lehrer oder die Lehrerin, der die Krisenintervention angefordert hat, begrüßt? Wie ist das Lehrerzimmer eingerichtet? Auch hier gibt es große Unterschiede. Während man in manchen Lehrerzimmern den Eindruck hat, daß eine lebhafte Diskussionskultur gepflegt wird, bei der es einem leichtgemacht wird, Sorgen und Ärger auszudrücken, herrscht in anderen Lehrerzimmern eine verhaltene Atmosphäre. In letzteren ist es schwierig, über eigene Probleme zu sprechen. Man schluckt den Ärger hinunter, schweigt und redet lieber über die bevorstehenden Ferien. Über Krisen im Schulzimmer wird nicht gesprochen, höchstens vielleicht über einzelne schwierige Schüler oder Schülerinnen. Über Eltern wird in solchen Lehrerzimmern gelästert, das eigene Verhalten aber nicht reflektiert. Der Besuch des Lehrerzimmers gibt einen Hinweis auf die Schulkultur.

Bei seinem Besuch wirft der Psychologe auch einen Blick auf die Struktur des Schulkomplexes. Welchen Weg nehmen die Kinder, um zur Turnhalle zu gelangen? Wo müssen sie die Fahrräder abstellen? Wie ist der Pausenhof gestaltet? Das Kriseninterventionsteam braucht diese Informationen, um später die Anliegen und Schilderungen der Klasse zu verstehen. Gewalt kann auch durch strukturelle Unzulänglichkeiten gefördert werden: In einer Schule stellte sich heraus, daß die Schüler, die mit dem Fahrrad zur Schule kamen, denselben Eingangsweg benützen mußten wie jene, die zu Fuß gingen. Es entstand ein Engpaß. Die meisten Schlägereien, Bedrohungen und Attacken fanden in diesem Nadelöhr statt, weil die Schüler auf dem Fahrrad die Fußgänger bedrohten.

Die Informationen, die das Mitglied des Kriseninterventionsteams während seines Besuchs sammelt, dienen anschließend als Grundlage für die genaue Planung der Arbeit mit der Klasse. Das konkrete Vorgehen wird auf die Problemlage der Klasse und der Schule abgestimmt.

Der nächste Schritt ist die Arbeit mit der Klasse. Drei Psychologen arbeiten an drei bis vier Nachmittagen mit der Gesamtklasse. Diese eigentliche Krisenintervention wird von einem Hauptleiter und zwei Co-Leitern durchgeführt, meistens Psychologiestudenten in höheren Semestern, die über Erfahrung in Gruppenpsychotherapie verfügen.

Die Klasse muß sich vor der Turnhalle versammeln. Sie weiß, daß sie nun einige Nachmittage, auf drei bis vier Wochen verteilt, mit den Psychologen zusammen arbeiten wird. Die Klasse ist auch durch den Lehrer und die Eltern darüber informiert, daß die Psychologen wegen der Vorfälle in der Schule oder in der Klasse zu ihnen kommen. Sie wissen, daß nun etwas geschehen wird, etwas sich verändern sollte. In der Regel sind die Schüler sehr gespannt. Große Erwartungen haben sich aufgebaut: Was machen die denn mit uns? Diese Stimmung wurde bewußt kreiert, damit die Kinder das Gefühl haben, daß nun etwas Entscheidendes geschieht, damit sie sich engagieren und der Arbeit selbst auch Bedeutung zumessen.

Wichtig ist, wie sich das Kriseninterventionsteam der Klasse präsentiert. Es darf beim Erstkontakt keine Ambivalenzen, Schüchternheit oder Unsicherheiten zeigen. Seine Mitglieder müssen als autoritäre Oberbandenführer auftreten. Nähern sie sich der Turnhalle, so müssen sie Blickkontakten ausweichen. Ohne mit den Kindern direkt Kontakt aufzunehmen, bedeuten sie diesen, sich in der Turnhalle zu versammeln. Das Kriseninterventionsteam muß klarmachen, daß es nun das Sagen hat. Der Grund für dieses Auftreten liegt darin, daß in vielen Klassen die Leader-Figuren oder Bandenführer sich als erste an das Kriseninterventionsteam heranwagen. Schon bei der ersten Begegnung wollen sie ihren Klassenkameraden demonstrieren, daß sie keine Angst vor diesen Psychologen haben. Keck strecken sie ihnen darum die Hand entgegen und stellen sich vor. Geht das Kriseninterventionsmitglied auf diese Begrüßung ein, so hat es eventuell schon, ohne es zu wollen, die Position des Klassenleaders gestärkt, und die alte Herrschaft bleibt bestehen.

Das Kriseninterventionsteam muß aber diese alte Ordnung umstoßen, damit kooperativere Kinder die Chance erhalten, sich durchzusetzen. Der Auftritt als Oberbandenführer dient also lediglich dazu, eine neue Dynamik in der Klasse auszulösen. Die Kinder merken, daß der Klassenleader nicht immer alles durchsetzen kann und vom Kriseninterventionsteam nicht als Big Boss betrachtet wird. Für das Kriseninterventionsteam ist der Auftritt als Oberbandenführergruppe oft nicht einfach. Da die Teammitglieder an den einzelnen Kindern interessiert sind und eigentlich die Beziehung suchen, müssen sie sich emotional umstimmen, sich wie Schauspieler sagen, daß jetzt mit Hingabe eine Rolle gespielt werden muß. Wir geben vor, Oberbandenführer zu sein, obwohl wir natürlich wissen, daß das Ganze nur Bluff ist.

Wenn die Klasse in der Turnhalle versammelt ist, stellen sich die Kriseninterventionsleiter vor. Dann wird das Problem beim Namen genannt: Wir sind da, weil es in der Klasse zu Gewalttätigkeiten gekommen ist, ihr nicht mehr mit inneren Spannungen fertigwerdet oder unter den Bandenauseinandersetzungen leidet. Konzentrieren sich die Gewalttätigkeiten auf die Klasse selbst, wird die Klasse von den Gruppenleitern negativ attribuiert: Sie teilen der Klasse mit, welch schlechten Ruf sie habe, daß sie »Mist« gemacht habe und ihr Verhalten untragbar sei. Diese negative Attribuierung dient dazu, bei der Klasse Gegenkräfte auszulösen: Wir sind viel besser als unser Ruf!

Weiter wird der Klasse das Ziel der Intervention erklärt: Wir wollen, daß es besser wird. Die Drohungen und Gewaltvorfälle müssen abnehmen. Das Interventionsteam teilt der Klasse seine Erwartung mit, daß sie nach den vier Interventionsnachmittagen das Problem der Gewalt selbst regeln kann.

Der Lehrer bleibt den Nachmittagen fern. Er darf nicht zugegen sein, weil sonst die Klasse beginnt, sich auf ihn abzustimmen: Entweder will sie ihn provozieren, ärgern, oder sie nimmt Rücksicht auf seine Gefühle. Die Kinder sprechen weniger über ihre Ängste und die Vorfälle in der Schule, wenn der Lehrer dabei ist. Da die Kriseninterventionsleiter unbekannte Figuren sind, fällt es den Kindern leichter, offen zu reden.

Die Kinder müssen wissen, daß das Kriseninterventionsteam auf Probleme in der Schule spezialisiert ist und sich beim Thema Gewalt und Aggression auskennt.

Wir haben beobachtet, daß die Kinder genau spüren, wo sie was deponieren können: Auf einem Schulausflug zerrten zwei Jungen einen Mitschüler hinter ein Haus. Sie befahlen ihm, die Hosen auszuziehen, und wollten ihm einen kleinen Stock in den After schieben – für den drangsalierten Jungen ein fürchterliches Erlebnis. Anschließend kehrten alle drei zum Rest der Klasse zurück. Der mißhandelte Junge sagte dem Lehrer nichts. Zwei Wochen später sprach er auf dem Schulareal mit einem Sozialarbeiter, der eine Informationswoche zum Thema Gewalt durchführte. Diesem Sozialarbeiter berichtete er nun den Vorfall im Wald. Später meinte dieser Junge uns gegenüber: »Dem Sozialarbeiter konnte ich davon erzählen, weil er ja weiß, was Gewalt bedeutet, und es seine Aufgabe ist, uns ernst zu nehmen.«

Nach der Begrüßung führt das Kriseninterventionsteam Einstimmungsübungen mit der Klasse durch. Es geht darum, die soziale Wahrnehmung in der Klasse zu fördern und ihr zu einem Gruppenerlebnis zu verhelfen. Je nach Alter der Kinder werden unterschiedliche Übungen durchgeführt.

Eine bekannte Übung ist die Kommunikation mit den Händen: Immer zwei Schüler stehen sich gegenüber. Sie erhalten den Auftrag, sich eine starke Emotion vorzustellen: Wut, Eifersucht, Angst oder Freude, Verzückung etc. Anschließend haben sie die Hände auf halbe Höhe zu heben. Die Handfläche nach außen gerichtet, müssen sie nun diese Emotion über Handkontakt dem Mitschüler mitteilen. Es darf dabei nicht gesprochen werden, die Kommunikation beschränkt sich auf Handberührungen. Ziel dieser Übung ist, die Sensibilität für nonverbale Kommunikationssignale zu fördern. Bei anderen Übungen sollen die Kinder merken, was sich beim Klassenkameraden an der Kleidung geändert hat oder was er durch seine Grimasse ausdrücken möchte. Der Hauptakzent der Einstimmungsübungen liegt auf der Kommunikation innerhalb der Klasse. Die Schüler und Schülerinnen kommunizieren über verbale, visuelle und taktile Signale miteinander. Sie müssen ihre Aufmerksamkeit den anderen Kindern zuwenden.

Bei jüngeren Kindern setzen wir oft Phantasie- und Verwandlungsspiele ein. Sie schlüpfen in die Gestalt eines selbstgewählten Tieres und springen in der Turnhalle herum, brüllen wie Löwen oder hüpfen wie Frösche. Vielleicht werden sie von den Gruppenleitern aufgefordert, verschiedene Gangarten auszuprobieren oder sich auf verschiedene Art und Weise zu begrüßen. Bei solchen Übungen steht das Gruppenerlebnis im Vordergrund.

Diesen Einstimmungsübungen folgt das eigentliche Mythodrama. Die Gruppenleiter bitten die Kinder, sich einen Platz in der Turnhalle auszuwählen, sich auf den Boden zu legen und zu versuchen, ruhig zu werden. Nun setzen die Gruppenleiter Elemente des autogenen Trainings oder anderer Entspannungstechniken ein, damit die Kinder sich beruhigen. Im Gegensatz zu den Erwachsenen brauchen die Kinder dazu konkrete Bilder: »Du liegst auf einer Wiese, spürst das Gras in deinen Fingern und merkst, wie dein Arm immer schwerer wird...« Vielleicht empfiehlt es sich, eine konkrete Szene zu schildern, damit die Kinder sich beruhigen: »Du siehst einen langen Bergweg vor dir. Langsam steigst du in die Höhe. Nun bist du auf dem Gipfel und fühlst dich matt...« Wenn sich die Kinder entspannt haben, sind sie bereit, eine Geschichte zu hören und innerlich zu visualisieren.

Die nächsten fünf bis zehn Minuten erzählt der Kriseninterventionsleiter eine Geschichte, ein Märchen oder einen Mythos. Die Geschichte wird auswendig vorgetragen. Liest der Gruppenleiter vor, trennt ihn das von den Kindern. Als Geschichtenerzähler konzentriert er sich auf die Kindergruppe, versucht, ihrer Gefühle gewahr zu werden und auf demselben kognitiven Niveau zu bleiben. Die Geschichte dient als Medium, über das der Gruppenleiter mit den Kindern in Kontakt tritt. Wie ein Schamane versucht er die Gefühle, die im Raum sind, zu spüren und intuitiv Änderungen vorzunehmen. Der Prozeß, der sich zwischen Gruppenleiter und Kindern abspielt, ist wichtig; die Geschichte ist lediglich ein Medium oder ein Transportmittel für das, was während der Sitzungen geschieht. Meistens wird die Geschichte von Musik untermalt. Die Musik darf jedoch nicht zu klare Motive oder erkennbare Melodien aufweisen, da die Kinder sonst abgelenkt werden.

In den Mythen oder Märchen werden die Kinder mit den Problemen, Schwierigkeiten und Herausforderungen konfrontiert, die sie in der Klasse haben. Die Geschichten werden unter diesem Gesichtspunkt ausgewählt.

Die Geschichten müssen jedoch auch eine mentale Herausforderung darstellen. Es darf sich nicht um abgerundete, moralisierende Geschichten mit einer deutlichen pädagogischen Botschaft handeln, sondern um solche, die die Kinder perplex lassen: ein Mann, der sich plötzlich in eine Spinne verwandelt, oder ein Junge, dem eine scheinbar unlösbare Aufgabe gestellt wird. Die Geschichten sollen die Kinder neugierig machen und zum Denken anregen. Weiter ist es wichtig, daß die Geschichten archetypischen Charakter haben, Situationen oder Probleme beschreiben, die als Urmuster in unserer kollektiven Psyche vorhanden sind: die Überwindung von Angst, die Konfrontation mit dem Schrecklichen, Mißbrauch, Angst vor den Mächtigen, Feigheit etc. Die Geschichte oder der Mythos stellt eine psychologische Herausforderung dar, der sich das Kind in der Schule stellen muß.

Alexanders Reisen

Alexander schreibt in einem Brief an seine Mutter Olympias: Nachdem ich den König Dareios besiegt hatte, brach ich auf und eroberte viele Reiche bis hin zum fernen Persien, über das Dareios geherrscht hatte. Von dort wollte ich in die Tiefe der Wüste in Richtung auf den Großen Wagen weitermarschieren. Wir gelangten in eine Gegend, die voll tiefer Schluchten war; eng und tief zerklüftet war der Weg, auf dem wir acht lange Tage dahinziehen mußten. Als wir diese öde Gegend hinter uns gelassen hatten, da gelangten wir an einen noch trüberen Ort. In einem großen Wald fanden wir Bäume, die eine fremde und seltene Frucht trugen: Äpfel, riesengroß wie Kürbisse, hingen an ihnen. In diesem Wald lebten auch Menschen, die vierundzwanzig Ellen groß waren und Hälse von einer Länge von anderthalb Ellen besaßen. Ihre Hände und Unterarme waren wie scharfe Sägen. Sogleich stürzten sie sich auf unser Heer. Als ich nun befahl, einen von ihnen zu fangen, und wir uns mit Geschrei und Trompetenklang auf sie werfen wollten, da ergriffen sie rasch die Flucht. Viele dieser sonderbaren Wesen hatten wir erschlagen, sie aber hatten noch mehr meiner Leute getötet.

Danach gelangten wir in ein Land, in dem wilde Riesen wohnten, die ein Aussehen wie Löwen hatten. Auch diese stürzten sich wild auf uns und töteten viele meiner Leute. Aus Furcht, daß sie uns besiegen würden, ließ ich den Wald anzünden. Als die riesigen Männer aber das Feuer sahen, ergriffen sie die Flucht.

Ich beschloß am nächsten Tag, ihre Höhlen zu erkunden. Dort trafen wir wilde Tiere an, die vor den Toren der Höhlen angebunden waren. Wie Löwen sahen sie aus, und jedes hatte drei Augen.

Auch Flöhe sahen wir da herumspringen, die so groß waren wie bei uns die Frösche. Wir marschierten von dort zurück und gelangten an einen Ort, wo eine sprudelnde Quelle entsprang. Dort ließ ich ein Lager aufstellen und blieb zwei Monate.

Von dort dann aufgebrochen, gelangten wir zum Lande der Apfelesser. Dort sahen wir einen Mann, dessen Körper ganz mit Fell bedeckt war. Wir waren entsetzt über das Scheusal, und ich befahl, ihn zu ergreifen. Ohne Furcht blickte er uns an, als er uns gefangen vorgeführt wurde. Ich ließ dann eine nackte Frau zu ihm bringen. Er aber ergriff sie und begann, sie aufzufressen. Als die Soldaten herbeieilten, um ihm die Frau zu entreißen, da brüllte er in unverständlichen Lauten. Das hörten seine Freunde, und etwa tausend Mann, die wie er aussahen, brachen aus dem Sumpf hervor und stürzten sich auf uns. Ich aber ließ die Sumpfpflanzen anzünden, und sofort flohen sie. Bei der Verfolgung fingen wir drei von ihnen. Sie nahmen aber keine Nahrung zu sich und starben eine Woche später. Sie hatten kein menschliches Aussehen, sprachen nicht, sondern bellten wie Hunde.

Wir zogen weiter und gelangten an einen Fluß, wo ich ein Lager aufschlagen ließ. In dem Fluß standen Bäume, die bei Sonnenaufgang zu wachsen begannen, ab Mittag aber wurden sie wieder kleiner, bis sie schließlich ganz verschwunden waren. Einen wunderbaren Duft strömten sie aus, und ihr Harz glich persischer Myrrhe. Als ich jedoch befahl, die Bäume zu schlagen und ihr Harz mit Schwämmen aufzusaugen, da wurden die Sammler von unsichtbaren Wesen gepeitscht. Wir hörten den Schall der Peitsche und sahen die Schläge auf ihrem Rücken. Und eine unsichtbare Stimme erhob sich plötzlich und verbot uns, die Bäume zu hauen und das Harz einzusammeln. »Wenn ihr weiterhin die Bäume fällt und das Harz sammelt«, sprach die Stimme, »dann wird das ganze Heer die Sprache verlieren und stumm werden.« Von Angst ergriffen, ließ ich nun die Männer zurückrufen und hörte auf, die Bäume zu fällen.

Im selben Fluß entdeckten wir auch schwarze Steine. Wenn man diese berührte, so wurde man genauso schwarz wie sie. Viele Schlangen und Fische tummelten sich in diesem Fluß. Diese ließen sich nicht in heißem Wasser kochen, sondern wurden schon in kühlem Quellwasser gar. Auch Vögel lebten dort, die den unseren in ihrem Aussehen ähnlich waren, faßte man sie aber an, so sprühte Feuer aus ihnen.

Am nächsten Tag irrten wir umher. Zehn Tage zogen wir dahin, ohne das Licht der Sonne zu sehen. Viele seltsame Tiere liefen uns über den Weg, solche mit sechs Füßen, mit drei oder fünf Augen, Ungeheuer, die zehn Ellen lang waren. Dann kamen wir in eine Sandwüste, wo Tiere von zwanzig Ellen Länge hausten. Sie glichen unseren Wildeseln, und jedes Tier trug sechs Augen; sehen konnten sie aber immer nur mit zweien. Sie waren zahm und griffen uns nicht an, und so erlegten meine Männer viele von ihnen mit ihren Bögen.

Darauf kamen wir an einen Ort, an dem Menschen ohne Kopf hausten. Behaart waren sie und in Felle gekleidet. An der Meeresküste fingen sie Fische und brachten uns diese. Wir sahen dort auch große Seehunde auf dem Land herumkriechen. Obwohl meine Freunde mir zur Umkehr rieten, wollte ich nicht zurück, denn ich war vom Wunsch beseelt, das Ende der Welt zu sehen.

Wir setzten den Marsch fort bis zum Meer; nichts sahen wir mehr, keine Vögel und keine Erdtiere; zehn Tage lang herrschte Finsternis.[20]

Nicht immer wird die Geschichte zu Ende erzählt. Oft brechen wir mittendrin ab und fordern die Kinder auf, sich ihren eigenen Schluß auszudenken.

Eine solche Geschichte, frei vorgetragen und meistens abgewandelt, soll den Kindern helfen, ihrer Gefühle gewahrzuwerden. Sie darf jedoch das Problem der Klasse nicht zu direkt spiegeln. Merken die Kinder, was wir mit der Geschichte bezwecken, so wehren sie ab: Es ist klar, diese Psychologen wollen mit uns über unsere Streitigkeiten reden... Die Geschichten sollen Erstaunen auslösen und den affektiven Boden vorbereiten, der später für die Gruppenarbeit und das Gespräch nötig ist. Es handelt sich also nicht um Lehrgeschichten, sondern um Einstimmungserzählungen.

Während bei jüngeren Kindern Märchen und Mythen eingesetzt werden, empfiehlt es sich bei älteren, sogenannte wahre Geschichten vorzutragen, Vorfälle, die sich wirklich ereignet haben. In einer Klasse wurde von einem Flugzeugabsturz in den Anden berichtet, bei dem eine Rugby-Mannschaft, um zu überleben, die toten Kameraden aufessen mußte; oder bei einer anderen Krisenintervention

[20] Märchen der Antike. Herausgegeben von Erich Ackermann. Frankfurt/Main 1989, S. 102–108.

von einem Vorfall im Zweiten Weltkrieg, bei dem ein deutscher Soldat zwanzig Jahre neben einer vermeintlich verschollenen Geliebten lebte.

Während die Kinder der Geschichte zuhören, konzentrieren sie sich mit geschlossenen Augen auf die inneren Bilder und Gefühle, die in ihnen aufsteigen.

Die Geschichten, die wir den Kindern erzählen, müssen eine unheimliche bis schreckliche Qualität haben. Sie schildern Horrorszenen, in denen Menschen geköpft, verbrannt, gevierteilt oder von Monstern verfolgt werden. Wir erzählen den Kindern vom Schrecklichen der Welt. Folgende Überlegungen stehen hinter diesem Vorgehen: Wir haben festgestellt, daß Kinder ungern Geschichten mit Happy-End hören. Sie werden unruhig und driften innerlich ab. Auch Geschichten mit moralisierender Botschaft sind unbeliebt; innerlich regt sich Widerstand. Der Grund für diese Reaktionen liegt im Prinzip der Enantiodromie, der Gegensatzspannungen der menschlichen Psyche. Dieser von C. G. Jung aus der Alchimie entlehnte Begriff besagt, daß seelische Prozesse sich in einer Gegensatzspannung abspielen. Wird ein Pol zu stark betont, so steigt die Attraktivität des entgegengesetzten Pols. Auf die Geschichten übertragen, bedeutet dies, daß sich in den Kindern das Gegenteil konstelliert, wenn wir ihnen von guten Taten berichten. Vielleicht stimmen sie zwar bewußt der Botschaft zu, innerlich regt sich jedoch der Widerstand. Vor allem unruhige, problematische Klassen reagieren auf »Goody-goody-Geschichten« allergisch. Hören sie jedoch Geschichten über Horror und Schrecken, so konstellieren sich in den Kindern paradoxerweise die guten Seiten. Das Schreckliche hat in der Geschichte seinen Platz gefunden, so daß die Kinder selbst nun friedlich sein können und von der Verpflichtung erlöst sind, ihre unheimlichen Seiten zu inszenieren. Die Geschichten nehmen ihnen den existentiellen Horror, den sie in sich spüren, ab, sie müssen ihn nicht mehr selbst ausleben.

Wichtig ist jedoch, daß die Kinder ihre eigenen Schreckensbilder entwickeln und nicht direkt mit fremden Horrorszenarien konfrontiert werden wie bei brutalen Videofilmen. In diesen eigenen Vorstellungsbildern drückt sich die Befindlichkeit des jeweiligen Schülers oder der jeweiligen Schülerin aus. Sie hören von Horror, entwickeln ihre Phantasien dazu und haben so die Möglichkeit, sich mit ihren Ängsten und Schrecken auseinanderzusetzen.

Dadurch, daß das Schreckliche in die Schule hereingeholt wird, werden die Kinder vom Zwang befreit, es inszenieren zu müssen.

Nach dem Hören der Geschichte und der kurzen Imagination dürfen die Kinder die Augen öffnen, und es beginnt die nächste Phase, die Verarbeitung der Emotionen und Gefühle, die die Kinder in sich erlebt haben.

Diese Verarbeitung kann auf verschiedene Art und Weise erfolgen. Eine Möglichkeit ist, jedem Kind ein Blatt und farbige Stifte zu geben und es ein Bild zur Geschichte malen zu lassen. Oder die Klasse wird in Gruppen aufgeteilt, die sich untereinander auf einen Schluß der Geschichte einigen, den sie sich anschließend gegenseitig vorspielen. Weitere Möglichkeiten sind: ein gemeinsames Gruppenbild, eine musikalische Darbietung, Spontantheater etc. Wichtig ist, daß die Emotionen und eigenen Erlebnisse, die während des Hörens der Geschichte auftauchen, eine bildliche oder szenische Darstellung finden. Die Schüler und Schülerinnen dürfen mit den Ängsten, die aufsteigen, nicht alleingelassen werden.

In einer Schulklasse tauchte bei einem Jungen die Erinnerung an ein Erlebnis auf dem Pausenhof auf: Er war gezwungen worden, die Turnschuhe seiner Klassenkameraden zu küssen. Dieser Vorfall hat den Jungen zutiefst gedemütigt. Der Gruppenleiter mußte ihm in einer Untergruppe die Möglichkeit geben, sein Erlebnis zu schildern. Für diesen Jungen war es eine große Erleichterung, über seine Demütigung zu reden, nachdem die erzählte Geschichte die affektive Blockade gelöst hatte.

Oft geben die Zeichnungen Hinweise darauf, was die Kinder beschäftigt: Wenn sich ein Schüler in seiner Zeichnung erhängt darstellt oder sich als Person mit dicken schwarzen Strichen durchstreicht, so sind dies Alarmzeichen. Vielleicht leidet das Kind, fühlt sich bedroht und ist verängstigt. Es ist Aufgabe der Gruppenleiter, diese Zeichnungen genau zu betrachten und sich zu überlegen, welche seelische Thematik sich darin ausdrückt.

Dasselbe gilt fürs Theaterspiel: In den nach der Geschichte gespielten Theaterszenen zeigen sich eigene Befindlichkeiten und Ängste. Oft werden auch indirekt Situationen dargestellt, die die Kinder in der Klasse erlebt haben.

Am ersten und zweiten Kriseninterventionsnachmittag sollen die Kinder Gelegenheit haben, sich individuell oder in einer Kleingruppe über die Situation in der Schule zu äußern. Es empfiehlt sich daher, die Klasse während der Bearbeitungsphase eine Zeitlang in Untergruppen aufzuteilen, in denen die Kinder sich eher trauen, ihren Eindruck von der Klasse oder Schule zu äußern, denn oft ist es für sie schwierig, vor allen anderen zu reden. Das Gespräch in den Untergruppen muß von den Krisenleitern angeregt werden. Als Einstieg können die vorher gespielten Theaterszenen oder die Bilder dienen: Wieso wählst du soviel Rot? Was bedeuten die vielen Waffen auf deinem Blatt? Über das Bild gelangt man zu den Sorgen und Ängsten der Kinder. Sie erzählen, wie sie von Klassenkameraden terrorisiert werden, daß sie Bedrohungen ausgesetzt sind oder selbst oft wütend werden. Dadurch, daß vorher Horror zum Thema gemacht wurde, lösen sich die Zungen.

Eindrücklich war das Beispiel eines türkischen Mädchens, von dem Lehrer und Mitschüler uns mitgeteilt hatten, es verstehe kein Wort Deutsch. Von Klassenkameraden wurde sie immer wieder gequält. Nicht nur entwendete man ihr die Schultasche oder lauerte ihr auf dem Heimweg auf, etliche Male bedrohte man sie auch sexuell. Das türkische Mädchen litt still vor sich hin. Während des Unterrichts war sie stumm. Um so erstaunlicher war es für uns, zu erleben, daß sie während des Gesprächs in der Untergruppe plötzlich zu reden begann. In gebrochenem Deutsch schilderte sie, wie gemein die Klasse zu ihr sei, daß sie große Angst habe und am liebsten nach Hause zurückkehren möchte.

Bei den Gesprächen mit den Kindern und Jugendlichen fällt auf, daß sie Gewalt und Aggression zuerst externalisieren. Bei der ersten Sitzung schildern uns die Schüler oft, wie sie von Schülern *anderer* Klassen bedroht werden. Die bösen Sechstkläßler oder die Homeboys von außerhalb der Schule seien das Problem. Die Äußerungen und Besorgnisse der Schüler und Schülerinnen unterscheiden sich dabei oft nicht von denen der Eltern. Die meisten Kinder sind ebenfalls bestürzt über die Vorfälle und finden, daß dringend etwas unternommen werden müsse. Die Schuld wird jedoch anderen zugeschoben. Erst bei der zweiten oder dritten Krisenintervention gelingt es uns in der Regel, den eigenen Anteil der einzelnen Kinder zu thematisieren.

Der Bearbeitungsphase folgt das Rundgespräch. Die Gruppenleiter fordern die Kinder auf, sich in einem Kreis auf den Boden zu setzen und im Klassenrahmen über sich selbst, die eigene Klasse zu sprechen. Die einzige Bedingung, die die Gruppenleiter stellen, ist, daß sich nach diesem Gespräch etwas konkret im Klassenzimmer oder der Klasse verändern muß, damit es zu weniger Gewalttätigkeiten kommt.

Dieses Gespräch verläuft oft ziemlich zäh. Nicht immer gelingt es den Schülern und Schülerinnen, sich auch im Rahmen der ganzen Klasse zu äußern. Zaghaft berichten sie von den Problemen und möglichen Maßnahmen: Wir tragen zu viele Waffen mit uns herum, bestehlen und quälen uns gegenseitig. Das Rundgespräch ist wichtig, weil die Kinder auch in der großen Gruppe die Anliegen und Sorgen äußern sollten, die sie in Untergruppen oder einzeln vorgebracht haben. Durch das Rundgespräch soll das Gefühl entstehen, daß man kollektiv etwas unternehmen muß, damit es besser wird. Die Kinder werden deshalb ermutigt, als Gruppe Ideen zu entwikkeln, wie man weitere Gewalttätigkeiten in der Klasse verhindern könnte.

Oft sind die ersten Vorschläge ziemlich unausgegoren und drükken eine gewisse Hilflosigkeit aus. Ein Schüler schlägt zum Beispiel vor, daß man »einfach lieb miteinander sein solle«, oder will, »daß von nun an alles anders wird«. Solche Äußerungen drücken zwar gute Absichten aus, werden aber nachher bald wieder vergessen. Es ist darum wichtig, daß die Kinder eine konkrete Änderung beschließen. Eine Klasse einigte sich schließlich darauf, eine Ecke einzurichten mit einer Matte, auf die streitende Schüler sich zurückziehen können. In einer anderen Klasse wurden die Pulte umgestellt: Statt Vierergruppen wie bisher richteten sie normale Bankreihen ein. In einer anderen Klasse wurden zwei Signale eingeführt: Rot bedeutete, daß man sich voll auf den Unterricht zu konzentrieren hatte und nicht miteinander reden durfte, Grün dagegen erlaubte leises Flüstern. Durch diese Tafeln, die neue Sitzordnung oder die Matte im Klassenzimmer wurden die Kinder auch nach der Intervention an das erinnert, was sie sich vorgenommen hatten; die konkreten Veränderungen dienen als Gedächtnisstütze.

Die Änderungen können auch das Verhalten in der Klasse betreffen: Was machen wir konkret, wenn es zu Streit kommt? Wie reagieren wir, wenn ein Klassenkamerad bedroht wird? Was tun wir, wenn Waffen auftauchen? Die Klasse einigt sich auch bei solchen Fragen auf ein gemeinsames Vorgehen: Bei Waffen wird sofort der Lehrer benachrichtigt und bei brutalen Schlägereien eingegriffen. Oft erreicht man durch solche Abmachungen, daß sonst zurückhaltende und problemlose Kinder sich aufgefordert fühlen, bei der Konfliktbewältigung mitzumachen. In einer sechsten Klasse führte dies dazu, daß eine Untergruppe von drei Mädchen und zwei Jungen für Ordnung sorgte. Sie verkündeten, daß sie in Zukunft einschreiten würden, wenn ein Klassenkamerad von eigenen oder fremden Schülern drangsaliert werde. Die Drohung nützte: In dieser Klasse kam es kaum mehr zu Vorfällen.

Im Rundgespräch wird jedoch nicht nur über konkrete Maßnahmen gesprochen, sondern auch darüber, was geschehen soll, wenn die Vereinbarungen nicht eingehalten werden. Die Kinder müssen sich über die Sanktionen einigen, die der Lehrer verordnen könnte. Was geschieht, wenn ein Kind spricht, obwohl die rote Tafel aufgehängt ist? Wie soll der Lehrer reagieren, wenn ein Mädchen bedroht oder einem Jungen mutwillig das Fahrrad zerstört wird? Die ersten Vorschläge der Kinder sind oft radikal. Sie schlagen dem Lehrer oder der Lehrerin vor, dem fehlbaren Kind eine runterzuhauen oder es an den Haaren zu ziehen. Es ist Aufgabe der Gruppenleiter, die Kinder von einer zivilisierten Sanktion zu überzeugen wie Strafarbeit, Versetzung während einer oder zwei Stunden in eine andere Klasse, Namensnennung im Schulkorridor, Putzarbeiten etc. Gemäß unseren Erfahrungen verlangen die meisten Kinder vom Lehrer, daß er gewisse Sanktionen durchführt. Sie sehen in ihm nicht nur einen lieben Freund oder den Lernbegleiter, sondern wollen, daß er seine Aufgaben als Oberhaupt der Klasse wahrnimmt. Obwohl sie dies dem Lehrer nicht immer direkt mitteilen, wünschen sie von ihm, daß er reagiert, wenn Regeln oder Normen in der Klasse durchbrochen werden.

Am nächsten Tag muß die Klasse den Lehrer über die vereinbarten Maßnahmen informieren. Selbständig, ohne daß sie von uns dazu angehalten werden, teilen sie ihm mit, welche Maßnahmen sie einführen wollen. Die Schüler und Schülerinnen wissen jedoch, daß der Lehrer über ein Vetorecht verfügt. Er bestimmt, ob dem Vorschlag der Kinder wirklich entsprochen wird. Bis jetzt mußte jedoch noch kein Lehrer von diesem Vetorecht Gebrauch machen. Die Schüler und Schülerinnen wählten Maßnahmen, von denen sie wußten, daß sie auch für den Lehrer akzeptabel sind.

Die konkreten Änderungen im Klassenzimmer führen die Kinder selbst durch. Sie legen Hand an beim Umstellen der Pulte oder malen die Signalisationstafeln. Der Lehrer hilft zwar, die Initiative muß jedoch von der Klasse ausgehen.

Bei sehr problematischen Klassen kann es hilfreich sein, wenn am Morgen nach der Intervention ein Mitglied des Kriseninterventionsteams im Schulzimmer ist. Diskret hilft es den Kindern, den Vorschlag zu unterbreiten und die Änderungen auszuführen.

Neben den konkreten Änderungen müssen mit dem Lehrer die Sanktionen besprochen werden, die er ergreifen wird, wenn Maßnahmen und Vorsätze nichts nützen und es weiterhin zu problematischem oder gewalttätigem Verhalten kommt. Der Lehrer schließt mit der Klasse einen mündlichen Vertrag, der die Basis der weiteren Zusammenarbeit bildet. Die Schüler wissen nun, was geschieht, wenn sie die von ihnen getroffenen Vereinbarungen durchbrechen, die Sanktionen sind ihnen bekannt. Vorher informiert der Gruppenleiter den Lehrer über die Vorstellungen der Kinder in Sachen Sanktionen, damit der Lehrer weiß, welche von den Kindern bevorzugt und akzeptiert werden.

Wichtig ist, daß die Zusammenarbeit zwischen Lehrer und Klasse auf eine neue Grundlage gestellt wird. Sowohl die Klasse als auch der Lehrer sollen das Gefühl einer Zäsur haben: Von nun an wird alles anders! Der Lehrer ändert eventuell seinen Unterrichtsstil, führt neue Regeln ein, während die Schüler versuchen, sich an ihre Vorschläge zu halten.

Natürlich beseitigen die konkreten Maßnahmen, die die Schüler beschließen, die Ursachen von Gewalt und Aggression nicht. Es wäre naiv zu glauben, daß mit Hilfe einer Matte die Gewalt im Klassenzimmer verschwindet. Es ist jedoch nicht die konkrete Maßnahme, die zählt, sondern der Stimmungsumschwung, der durch die Maßnahme eingeleitet wird. Durch diesen konkreten Änderungsvorschlag hat die Klasse das Gefühl, selbst etwas gegen die Gewalt zu unternehmen, und das stärkt das kollektive Selbstwertgefühl der Klasse. Sie fühlt sich der Gewalt weniger ausgeliefert, sieht eher Möglichkeiten, sie zu bewältigen, als Gruppe etwas zu bewirken. Die konkrete Änderung dient als Zeichen dafür, daß die Klasse über Gegenkräfte verfügt, die sie bei Vorfällen mobilisieren kann. Dank dieses Stimmungsumschwungs entwickeln sich vielleicht auch Rituale, die Gewaltausbrüche eindämmen, Gesetze und Regeln, an die sich die Kinder unbewußt halten, wenn Gewalt droht.

In der Klasse, die die Signale einführte, reduzierten sich die Gewaltvorfälle deutlich. Schlägereien und Quälereien gab es zwar immer noch, doch waren die Auseinandersetzungen weniger brutal. Die Kinder hatten Hemmungen aufgebaut. Es kam nicht mehr vor, daß Messer eingesetzt oder Schlagstöcke verwendet wurden, sondern in den Auseinandersetzungen beschränkten sich die Kinder auf die Fäuste. Der Klasse war durch die Intervention bewußt geworden, daß sie vorher eine Grenze überschritten hatte. Die konkrete Veränderung drückte die neue soziale Einstellung der Schulklasse aus. Die Kinder wurden durch sie immer wieder daran erinnert, daß sie selbst etwas gegen Gewalt unternehmen können. Das Ziel der konkreten Maßnahme ist, Änderungen im Sozialverhalten zu bewirken und Rituale gegen die Gewalt einzuführen. Diese Schritte können nicht verordnet oder vorausgeplant werden, sondern müssen von den Kindern selbst entwickelt werden. Die konkreten Maßnahmen und die Diskussion über die Sanktionen geben den Kindern den nötigen Impuls, damit sie zu einem positiven Gruppenverhalten finden.

Oberstufe

In der Mittelstufe arbeitet das Kriseninterventionsteam drei bis vier Wochen je einen Nachmittag lang mit der Klasse. Ein anderes Vorgehen wird bei der Oberstufe gewählt. Dort erstreckt sich die Arbeit mit der Klasse nicht über einen Monat, sondern in der Regel wird eine Projektwoche organisiert. Das Thema Gewalt und Aggression wird an drei bis vier Tagen behandelt. Auch in der Oberstufe präsentiert sich das Kriseninterventionsteam als Oberbandenführer, die nachfolgende Arbeit unterscheidet sich jedoch von jener in der Mittelstufe. Meist stehen nicht mehr Geschichten im Vordergrund, sondern das Thema Aggression und Gewalt wird direkt angegangen. Aufgrund ihres Alters sind diese Schüler und Schülerinnen eher zur Selbstreflexion fähig. Sie beginnen sich für sich selbst zu interessieren, für ihre Identität und Rolle in der Gruppe. Bei der Krisenintervention versuchen wir darum, diese Fähigkeiten und Eigenschaften anzusprechen. Es zeigt sich auch, daß viele Jugendliche bereit sind, über gruppendynamische Zusammenhänge nachzudenken.

Bei einer Oberstufenklasse stand die Arbeit an einem Graffiti im Vordergrund. Die Klasse wurde aufgefordert, Pläne für ein gemeinsames Graffiti zu entwerfen. Verschiedene Untergruppen bildeten sich, die Vorschläge einbrachten. An diese Untergruppen wurden Farbdosen verteilt mit der Aufforderung, einen Entwurf herzustellen und nachher zu interpretieren.

Das Kriseninterventionsteam hatte jedoch verschiedene Fallen eingebaut: So erhielt eine Untergruppe Farbdosen, die bereits ausgetrocknet waren, einer anderen Untergruppe wurden Getränke angeboten, während die übrigen leer ausgingen. Durch solche Störmaßnahmen hofften wir, den Umgang der Klasse mit Konflikten manifest werden zu lassen. Ein Kriseninterventionsmitglied hatte eine Videokamera im Zimmer aufgestellt, die die Klasse bei der Arbeit filmte.

Das Videoband wurde anschließend zusammengeschnitten, damit die entscheidenden Szenen gezeigt werden konnten. Das Kriseninterventionsteam hatte jene Vorfälle gewählt, die ihm typisch für die Gruppendynamik der Klasse erschienen.

Am zweiten Tag wurde der Klasse erklärt, daß und wie sich in jeder Gruppe verschiedene Rollen bilden. Nachdem den Schülern vier bis fünf Rollen vorgestellt worden waren, zeigten wir ihnen das beim letzten Mal aufgenommene Video und forderten sie auf, ihre eigene Rolle in der Klasse herauszufinden. Bei der zweiten Videovorführung mußten sie die Rollen ihrer Mitschüler zu erkennen versuchen.

Diese Übung hat den Jugendlichen geholfen, sich Gedanken über sich selbst zu machen und zu realisieren, daß sie gruppendynamischen Prozessen ausgesetzt sind. Über die Betrachtung der eigenen Rolle in der Klasse führten wir sie zu Fragen der Gruppendynamik.

Nach den Nachmittagen oder der Projektwoche ermahnen die Gruppenleiter die Klasse, die getroffenen Vereinbarungen einzuhalten, und verabschieden sich von ihr mit der Ankündigung eines erneuten Besuches in drei bis vier Monaten, um zu sehen, wie es mit der Klasse steht. Es ist wichtig, daß die Kinder oder Jugendlichen wissen, daß das Kriseninterventionsteam wieder kommen wird.

Nach Abschluß dieser ersten Phase der Arbeit mit den Kindern oder Jugendlichen bleibt der Leiter der Krisenintervention oder ein dazu bestimmter Schulpsychologe mit dem Lehrer in Kontakt. In regelmäßigen Sitzungen bespricht er mit ihm die Lage und Stimmung der Klasse. Es geht um die Langzeitwirkung. Halten sich die Schüler an die getroffenen Vereinbarungen? Wie wirkt sich der neue Unterrichtsstil aus? Oft zeigt sich, daß nach zwei bis drei Wochen die Anstrengungen nachlassen. Wenn eine Klasse sich beruhigt hat, droht zudem die Gefahr, daß der Lehrer die getroffenen Vereinbarungen über Bord wirft: Es geht ja besser, weshalb sollte ich weiterhin mit den vereinbarten Sanktionen drohen oder die Änderungen im Klassenzimmer beibehalten? Viele Lehrer neigen dazu, wieder in den alten Unterrichtsstil zurückzufallen, weil sie glauben, daß das Problem nun gelöst sei. Leider hat sich herausgestellt, daß dann prompt wieder die alten Probleme in der Klasse durchbrechen. Es ist darum wichtig, den Lehrer während der Zwischenphase zu stärken, damit sich nicht die alten Fehler wieder einschleichen.

Das gleiche gilt natürlich für die Klasse. Auch hier gilt es durchzuhalten. Oft hilft es, wenn der Kriseninterventionsleiter sich zwei- oder dreimal mit der Klasse unterhält, anknüpfend an die Vereinbarungen, die während der Nachmittage getroffen worden sind. In Abwesenheit des Lehrers bringt die Klasse Anliegen und Wünsche vor und teilt dem Kriseninterventionsleiter ihre Sorgen mit. Der Kriseninterventionsleiter seinerseits erinnert die Klasse an die Abmachungen.

Die Nachintervention

Nach der drei- bis viermonatigen Zwischenphase treffen sich die Gruppenleiter nochmals mit der Klasse. An diesem letzten Nachmittag wird Rückschau gehalten, die aktuelle Klassensituation besprochen, und es werden Vorsätze für die Zukunft gefaßt.

Das Programm dieses letzten Nachmittags unterscheidet sich von den vorhergehenden. Es wird in der Regel kein Mythodrama mehr durchgeführt, sondern die Kinder führen nach der Einstimmungsphase ein Spontantheater auf, malen oder spielen zusammen. Die Struktur des Mythodramas – Einstimmung, Beruhigung, Geschichte, Bearbeitung und Rundgespräch – wird bewußt durchbrochen. Am letzten Nachmittag werden andere Akzente gesetzt. Den Kindern wird dadurch bedeutet, daß die Krisenintervention zu einem Abschluß kommt. Durch das andersartige Programm wird die Erwartung ausgedrückt, daß sich auch die Klasse verändert hat.

Obwohl die Schüler und Schülerinnen an den ersten drei oder vier Nachmittagsprogrammen in der Regel großen Einsatz gezeigt haben, lehnen viele Klassen die letzte Intervention ab. Sie haben genug von diesen »Psychospielen« und wollen nicht mehr als problematische Klasse gelten. Diese Reaktion ist psychologisch verständlich und vom Kriseninterventionsteam beabsichtigt. Die Klasse drückt damit aus, daß sie die negative Attribuierung zurückweist. Sie hat ein positives Selbstbild entwickelt und sieht sich nicht mehr als das schwarze Schaf in der Schule, sondern als eine Klasse, die selbst Streit schlichten und interne Probleme angehen kann.

Im Lauf der Schlußintervention werden die Kinder einzeln gefragt, ob die Intervention ihnen geholfen habe. Bei diesen Interviews oder vor der Videokamera berichten sie über die Ereignisse der letzten drei bis vier Monate und schildern ihre Befindlichkeit in der Schule. Über die Hälfte der Kinder hat in der Regel den Eindruck, daß sich das Klima dank der Krisenintervention in der Schule gebessert hat und die Vorfälle von Gewalt seltener geworden sind. Ein Viertel bis ein Drittel der Kinder finden, sie hätten keine großen Änderungen wahrgenommen. Vielfach sagen die Kinder aus, daß zwar immer noch Streitigkeiten vorkommen, diese Auseinandersetzungen jedoch bedeutend weniger brutal ausgelebt werden.

Der Abschlußabend mit den Eltern

Nach der letzten Krisenintervention werden die Eltern zu einem Abschlußabend eingeladen. An diesem berichten die Kriseninterventionsleiter von ihrer Arbeit und ihrem Eindruck von der Klasse. Sie beschränken sich auf die Schilderung der Gruppendynamik innerhalb der Klasse, ohne sich zu einzelnen Schülern zu äußern. Das Kriseninterventionsteam zeigt auf, welche Umstände Gewalttätigkeiten in der Klasse fördern und wie der Gewalt begegnet werden kann. Aus ihrer subjektiven Sicht schildern sie ihren Eindruck, damit die Eltern anschließend aufgrund dieses Bildes der Klasse miteinander sprechen und Vorsätze fassen können.

In einer Oberstufenklasse zeigte es sich, daß die Schüler und Schülerinnen sich immer wieder mit den negativen Außenseiterfiguren der Klasse solidarisierten. Aus dem Bedürfnis nach einer gemeinsamen Herausforderung heraus stellte sich die Klasse hinter diejenigen Schüler oder Schülerinnen, deren Verhalten von den Lehrern kritisiert wurde. Als der Lehrer einem Mädchen, das regelmäßig zu spät in die Schule kam und bei einer Diebestour erwischt wurde, damit drohte, sie nicht auf eine gemeinsame Klassenwoche mitzunehmen, empörten sich die Mitschüler. Zwischen dem Lehrer und der Schulklasse entstand eine Front. Die Klasse definierte sich über die schwierigste Schülerin. Bei der Arbeit mit der Klasse stellte sich jedoch heraus, daß sich viele Schüler und Schülerinnen über das Verhalten dieses Mädchens ärgerten. Es störte sie, daß sie die Schule tagelang schwänzte, ohne daß dies Folgen hatte. Weiterhin irritierte es sie, daß niemand bei ihr auf die Erledigung der Hausaufgaben pochte.

Die Klasse hatte sich schon öfter mit schwierigen Schülern und Schülerinnen identifiziert. Das Muster war immer dasselbe: Ein Kind wurde bei einer Übertretung oder einer Gewalttat erwischt, die Lehrerschaft oder Schulbehörde versuchte, die Tat zu ahnden, worauf sich die Klasse sogleich mit dem Missetäter oder der Missetäterin solidarisierte. Diese negative Dynamik wurde durch die Krisenintervention durchbrochen. Die Schüler und Schülerinnen entzogen sich langsam dem Einfluß dieser Klassenkameraden und begannen, ihnen eigene Forderungen zu stellen: Wir setzen uns dafür ein, daß du auf die Schulwoche mitkommen darfst, dafür störst du den Unterricht nicht mehr.

Neben den Schilderungen des Kriseninterventionsleiters stellt der Lehrer am Abschlußabend die aktuelle Situation der Klasse dar. Wie hat er die Intervention erlebt? Hat sich die Stimmung in der Klasse verbessert? Welche pädagogischen Konsequenzen hat er als Lehrer aus der Arbeit mit dem Kriseninterventionsteam gezogen? Wie sieht die Zukunft aus?

Die Ausführungen des Kriseninterventionsteams und des Lehrers können durch einen Videofilm der Schüler ergänzt werden, die ihren Eltern über Video mitteilen, wie sie die Intervention erlebt haben. Oft verweigern die Kinder jedoch die Zustimmung zur Vorführung dieses während der letzten Krisenintervention aufgenommenen Videofilms. Sie empfinden es als zu intim. »Was man in einer Therapie sagt, ist nicht für draußen bestimmt!« entgegnete mir eine Fünftkläßlerin barsch, als ich sie um die Einwilligung bat.

Nach den Ausführungen des Lehrers und des Kriseninterventionsleiters und nach dem Film haben die Eltern Gelegenheit, ihre Eindrücke mitzuteilen. Haben sie etwas bei ihrem Kind bemerkt? Auch hier sind die Antworten unterschiedlich. Viele Eltern behaupten im nachhinein, es sei gar nie so schlimm gewesen. Die Optik ändert sich, sobald es keine gravierenden Vorfälle in der Schule mehr gibt. Die Vergangenheit wird umgestaltet, die Zornausbrüche, Vorwürfe und die Verzweiflung des ersten Elternabends sind vergessen. Wenn Gewalt als gemeinsames Problem verschwunden ist, sinkt auch die Bereitschaft der Eltern, sich intensiv mit der Psychologie der Klasse auseinanderzusetzen. Sie ziehen sich zurück, sobald sie merken, daß der eigene Sohn oder die eigene Tochter in der Schule nicht mehr leidet.

Meistens berichten die Eltern aber auch, daß es den Kindern besser geht, und bestätigen, daß die Gewaltvorfälle abgenommen haben. Am Schluß dieses Elternabends wird noch über die zukünftige Zusammenarbeit zwischen Eltern und Lehrer gesprochen. Die Krisenintervention und die zwei Elternabende geben dieser Zusammenarbeit eine neue Basis.

Schlußgedanken

Die Krisenintervention bei aggressiven Schulklassen zeichnet sich durch fünf Hauptmerkmale aus.

1. Die Arbeit des Kriseninterventionsteams zielt auf die Ressourcen der Klasse ab: Sie will einen Stimmungsumschwung initiieren, so daß die Klasse zu ihren eigenen Problemlösungen findet. Es gilt, die Schüler und Schülerinnen, die über eine positive soziale Ausstrahlung und Fähigkeiten zur Konfliktbewältigung verfügen, zu stärken, damit nicht die schwierigen Kinder das Sagen haben, sondern diejenigen mit einer guten sozialen Kompetenz.
2. Wichtig bei der Krisenintervention ist, daß alle beteiligten Par-

teien angesprochen werden: Eltern, Schüler, Schulbehörde und Lehrer müssen aktiv mitmachen. Wenn eine dieser Parteien ausgelassen wird, kann die Krisenintervention scheitern. Nur wenn alle Systeme berücksichtigt werden, besteht Aussicht auf Erfolg.

3. Der Fokus ist auf die ganze Klasse gerichtet und nicht auf einzelne Schüler. Oft stellt sich zwar am Ende einer Intervention heraus, daß dieser oder jener Schüler besondere Probleme hat, doch ist die Betreuung dieses Schülers nicht mehr Aufgabe des Kriseninterventionsteams.

4. Durch das Mythodrama, die schrecklichen Geschichten und die Rundgespräche soll das Schreckliche des menschlichen Seins bewußt in die Schule eingebracht werden. Nur über die Konfrontation mit unseren häßlichen Seiten können wir hoffen, daß diese uns nicht beherrschen.

5. Gewalt und Aggression in der Schule können nur *mit* den Schülern und nicht *gegen* sie bewältigt werden. Die Krisenintervention will den Kindern einen Impuls vermitteln, der sie stärkt und ihnen ermöglicht, selbständig das Problem der Gewalt und Aggression anzugehen.

Allan Guggenbühl
Martin Kunz (Hrsg.)
Das Schreckliche
Mythologische Betrachtungen zum Abgründigen im Menschen

Nicht die Abspaltung und Verdrängung des Ungeheuerlichen führt zu dessen Überwindung, sondern die mutige Auseinandersetzung damit. Neun Autoren nähern sich aus verschiedenen Perspektiven dem Schrecklichen und Absurden.

150 Seiten
SFr. 27.80 / DM 29.50

Schweizer Spiegel Verlag · Raben Reihe
Untere Zäune 1 · 8001 Zürich

Allan Guggenbühl
Männer, Mächte, Mythen
Was ist männliche Identität?

Ein brisantes Buch, das in der Diskussion über Mann und Frau neue Akzente setzt. Denn nach Guggenbühls Überzeugung hat die Psychologie dieses Jahrhunderts nicht den Mann, sondern allenfalls seinen Schatten in den Blick bekommen.

320 Seiten
SFr. 41.– / DM 39.80

Kreuz Verlag